Helene Hoerni-Jung

MARIA – Bild des Weiblichen

Helene Hoerni-Jung

MARIA
BILD DES WEIBLICHEN

Ikonen der Gottesgebärerin

Kösel

ISBN 3-466-36340-3

© 1991 by Kösel-Verlag GmbH & Co., München
Printed in Germany. Alle Rechte vorbehalten
Druck und Bindung: Kösel, Kempten
Umschlag: Elisabeth Petersen, Glonn, unter Verwendung
der Ikone »Gottesmutter Milchspenderin«
(16. Jahrhundert, russisch),
mit freundlicher Genehmigung des Ikonenmuseums, Recklinghausen

1 2 3 4 5 · 95 94 93 92 91

Inhalt

Vorwort 9

Die Ikone 11
Zur Einführung

Empfängnis der Heiligen Anna 23
Eine fruchtbare Begegnung

Geburt Mariä 31
Ein alltäglicher Lebensanfang

Mariä Einführung in den Tempel 35
Stufen des Lebens

Gottesmutter des Zeichens 43
Offen für das Kommende

Verkündigung 49
Einbruch in eine heile Welt

Geburt Christ 61
Eine Ahnung nimmt Gestalt an

Gottesmutter Milchspenderin 75
Gabe und Aufgabe

Darbringung 79
Das Wagnis der Verletzbarkeit

Christus, das nichtschlafende Auge 89
Träumen, wachsen, werden

Der innere, leidende Christus 95
Selbstverlust

Gottesmutter der Belehrung 101
Sanftmut und Gewaltsamkeit

Deesis – Fürbitte 109
Feuerproben bestehen

Die Gottesmutter im Gespräch mit Johannes dem Theologen 123
Inspiration und Bindung

Beweinung 131
Trauer und Einung

Die Frauen am Grabe 139
Schwellen überschreiten

Mariä Entschlafung 155
Annahme des Kreatürlichen

Gottesmutter unverbrennbarer Dornbusch 169
Unser innerstes Kraftfeld

Anhang 185
Anmerkungen 185
Literatur in Auswahl 191
Bildquellen 192

Dem Andenken meines Mannes Konrad Hoerni.
Durch seinen frühen Heimgang schloß sich mir ein Tor:
Wie ein Geschenk öffneten sich mir neue Wege.

Vorwort

Dieses Buch ist kein wissenschaftliches Werk. Es ist ein Buch der Erfahrungen, Fragen und Überlegungen. Als solches ist es notwendigerweise subjektiv. Bemüht es sich auch um einige Objektivität, so enthält es doch vor allem jene Auffassungen, die sich mir im Ringen mit dem gegebenen Material und in der Auseinandersetzung mit den Gedanken vieler ergeben haben.

Es mag manchen Leser befremden, daß ich einen psychologischen Zugang zu den heiligen Bildern der Ostkirche suche. Ich fand jedoch in der analytischen Psychologie C.G. Jungs einen hilfreichen Schlüssel, den ich in meiner Arbeit anzuwenden versuche.

Da die orthodoxe Theologie sich nicht nur in Worten formuliert, sondern darüber hinaus auch in Bildern, stehe ich vor der schwierigen und etwas paradoxen Aufgabe, das in das Bild hineinverwobene Wortlose doch Wort werden zu lassen.

Meine Interpretationen können nur Hinweise und Vorschläge sein; aber ich hoffe, daß sie, gerade durch ihre Unvollständigkeit, andere Menschen zu eigener Suche anregen: Vielleicht geht der eine oder andere mit mir den Weg vom Ergriffensein zum Begreifen. Es wird nicht ausbleiben, daß dann ein Bild zu ihm spricht.

Helene Hoerni-Jung

Die Ikone

ZUR EINFÜHRUNG

Was ich über Ikonen sage, geschieht nicht aus kunstgeschichtlicher und auch nicht unbedingt aus theologischer Sicht. Vielmehr vereinigt es mehrere Blickpunkte. Die Welt der Ikonen ist geheimnisvoll und vielschichtig. Ich beschränke mich in diesem Buch auf mein Hauptanliegen: der *Sinn* der Ikonen.

Alles Wissenswerte wie Daten, Schulen, Maler usw. findet der Leser in der entsprechenden Fachliteratur. Was er weniger findet, sind Schriften über Sinn und Gehalt der ostkirchlichen Bilder. Meine Einführung möchte einige Zusammenhänge und Anschauungen aufzeigen, die hinter dem Phänomen Ikone stehen, in der Hoffnung, Leser werden dadurch leichter Zugang finden zu den nachfolgenden Bildinterpretationen.

Meine einführenden Darlegungen verstehen sich einerseits als stichwortartige Zusammenfassung vieler Schriften zum Thema Ikone; andererseits sollen sie zeigen, worauf ich mich psychologischerseits abstütze. Ich befasse mich also mit Sinn und Gehalt der Ikonen; d.h. mit deren Theologie *und* Psychologie.

Meine ersten Begegnungen mit Ikonen fand durch Bücher und in Museen statt; ich hatte an keinem ostkirchlichen Gottesdienst teilgenommen. In meinem Suchen nach Sinn und Klärung gehe ich deshalb von einem subjektiven, mit vielen Mängeln behafteten, aber auch freien *Standort außerhalb* aus. Meine Ansatzpunkte sind folgende:

Ikonen werden von der orthodoxen Theologie als *Archetypen* bezeichnet. Das Wort Archetypos stammt vom griechischen Verb »typto«, welches schlagen, prägen, kerben bedeutet. Archetyp heißt demnach das Ur-Eingeprägte, oder das, was schon immer war. Archetypen haben, per definitionem, geprägten und prägenden Charakter.

Wenn Ikonen archetypische Bilder sind, dann enthalten sie Grundmuster des Menschlichen und Ewigen. Wir fragen: Welche Grundmuster menschlichen Schicksals und welche Grundstrukturen menschlichen Wesens und Verhaltens zeigen sie auf?

Ich erlaube mir die Annahme, daß in ihnen auch unsere eigenen inneren, geistigen Prozesse dargestellt sind, die wir im Laufe der Entwicklung und Auseinandersetzung mit dem Transzendenten erleben.

Wenn es ferner stimmt, daß jedem christlichen Dogma eine menschliche Erfahrung zugrunde liegt, dann ist stets zu fragen: welche Erfahrung?

Mein Anliegen ist ein praktisches und nicht ein theoretisches: Wie kann der heutige Mensch, stehe er wo er wolle, lernen, das in Ikonen Aufgezeigte auf seine Lebenssituationen, seine Probleme und Erfahrungen zu beziehen? Besser: Wie lernt er, sich den wiedererkannten Grundmustern zuzuordnen? Meine Fragestellung ist eine psychologische und nicht eine theologische.

Es ist bekannt, daß es dem Gedeihen des Kindes förderlich ist, wenn ihm Märchen erzählt werden; denn Märchen sind unbewußte Darstellungen ewigen Menschheitswissens. In Parallele dazu bin ich geneigt, Ikonen als mehr oder weniger bewußte *Darstellungen ewigen Wissens* zu verstehen. Mir scheint es ebenso wichtig, daß man dem Menschen, im Interesse seiner inneren Ordnung und des Gedeihens seines seelischen und geistigen Lebens wieder zeigt, welche Ordnungen Ikonen enthalten.

Ich stehe der analytischen Psychologie des Arztes und Psychotherapeuten C.G. Jung nahe. Bei der Einarbeitung in die Gedankenwelt, in die Hymnen und Lehren der Ostkirche berührten mich mancherlei Parallelen zu Auffassungen, die er vertritt. Seine Affinität zu Bild und Symbol, zur Bildhaftigkeit der Sprache finde ich in gleicher Weise bei der Orthodoxie. Gemeinsame Wurzeln sind auch bei den Schriften der Kirchenväter zu finden, und nicht zuletzt bei der Sorge um die Seele des Menschen.

Beispielsweise findet die in der Ostkirche so wichtige Lehre von der Gottebenbildlichkeit des Menschen und dem inneren Gottesbild bei C.G. Jung ihre Entsprechung im Begriff des *Selbst*. Diesen umschreibt er so: »Das Selbst ist eine dem bewußten Ich übergeordnete Größe. Es umfaßt nicht nur die bewußte, sondern auch die unbewußte Psyche.«¹ Jung versteht das Selbst als zentralen Archetypus und als Archetypus der Ordnung. Es steht für die Ganzheit des Menschen und kann sich in Bildern, wie Kreis, Quadrat, Mandala, Perle, Kind u.a. äußern. Daß Jung das Selbst als »zentralen Anordner« bezeichnet, weist darauf hin, daß von dieser innersten und uns gleichzeitig umfassenden Instanz lebendige und nicht zu überhörende Impulse ausgehen; vielleicht dem hebräischen Begriff »tsemach«² vergleichbar, der »Same, Keim, Schwung, Lebenskraft« bedeutet, und dem ich auch in der Orthodoxie begegnet bin.

Jung vergleicht das Selbst dem Spiegel, der wie ein Gefäß das Gottesbild aufnimmt und reflektiert. »Die imago dei koinzidiert, genau genommen, nicht mit dem Unbewußten schlechthin, sondern mit einem besonderen Inhalt desselben, nämlich mit dem Archetypus des Selbst. Dieser ist es, von dem wir, empirisch, die imago dei nicht mehr zu trennen vermögen. Man kann die imago dei als eine Spiegelung des Selbst erklären oder umgekehrt das Selbst als imago dei in homine.«³ Sehr ähnliche Gedanken stehen auch hinter orthodoxen Lehren, wie ich noch darlegen werde.

Den für die Arbeit mit Ikonen so wichtigen Begriff des *Archetypus* umreißt Jung wie folgt: »Der Begriff des Archetypus ... wird aus der vielfach wiederholten Beobachtung, daß z.B. die Mythen und Märchen der Weltliteratur bestimmte, immer und überall wieder behandelte Motive enthalten, abgeleitet. Diesen Motiven begegnen wir in Phantasien, Träumen, Delirien und Wahnideen heutiger Individuen. Diese typischen Bilder ... werden als archetypische Vorstellungen bezeichnet. Sie haben ... die Eigenschaft, von besonders lebhaften Gefühlstönen begleitet zu sein. Sie sind eindrucksvoll, einflußreich und faszinierend. Sie gehen hervor aus dem, an sich, unanschaulichen Archetypus, einer unbewußten Vorform, die zur ererbten Struktur der Psyche zu gehören scheint (ähnlich den Instinkten). Seine Form ... ist dem Achsensystem eines Kristalls zu vergleichen, welches die Kristallbildung in der Mutterlauge... präformiert, ohne selber eine stoffliche Existenz zu besitzen.«⁴ So ist der Archetypus als eine »facultas praeformandi« zu verstehen; damit ist die Auffassung, daß jede »Prägung einen Prägenden voraussetzt«⁵, gegeben. Verständlich wird uns der Archetyp auch als aktiv lebendige Bereitschaftsform, die unser Denken, Fühlen und Handeln lenkt. Ein schönes, ja poetisches Bild gibt uns Jung, wenn er die Archetypen und die durch sie veranlaßten Abläufe einem uralten, reich verzweigten Flußlauf vergleicht, in welchem die Lebensströme schon immer gepulst sind und dort noch stets pulsen.

Interessanterweise bezeichnet Jung Jesus-Christus als Symbol des Archetypus des Selbst.[6] Eine äußerst fruchtbare Hypothese, die mich durch alle Überlegungen begleiten wird!

Die kurzen Erläuterungen zu den Stichworten »Selbst« und »Archetyp« mögen für unsere Zwecke einstweilen genügen. Wichtig scheint mir noch, daß Jung alle seine Beobachtungen am lebendigen »Objekt«, am Menschen, gemacht hat, am gesunden wie am kranken.

Die Auffassung und Vorstellung von ewigen, dem Menschen immer schon eigenen Bildern, erlaubt eine Gedankenbrücke zu Jesus. Befragt, weshalb er in Gleichnissen rede, antwortete er: »So tue ich kund, was die Welt seit Urbeginn an Geheimnissen in sich birgt« (Matthäus 13,35). Aus der Sicht Jesu konnten also ewige Wahrheiten nur in Bildern ausgedrückt werden. Solche Wahrheiten oder Wirklichkeiten teilen uns auch Ikonen mit.

Ikonen sind Urbilder, Bilder des Ursprünglichen. »Ihre Handlung wickelt sich außerhalb von Raum und Zeit ab, vor Allen und für Alle«, so Paul Evdokimov, ein orthodoxer Gelehrter[7]. Der Sinn der Ikonen ist nicht gebunden an Ort, Zeit oder Qualität, wenn auch diese Faktoren individuelle Modifikationen der Bildtypen bewirken können.

Das griechische Wort »Eikon« heißt: Urbild, Abbild, Ebenbild, Schatten, Spiegelbild. Die Ikone gilt als Schatten oder Abbild einer anderen Welt, nicht unbedingt einer jenseitigen, wohl aber einer geistigen Welt. An sich unsichtbar und unerklärbar, sendet diese uns doch Bilder, Muster, Impulse, so wie wir es vom Archetyp und den von ihm geförderten Bildern hörten. Der Maler Paul Klee schreibt: »Kunst gibt nicht das Sichtbare wieder, sondern macht sichtbar.«[8] Eine Feststellung, die genau so auf Ikonen paßt. Als Kultgegenstand ist die Ikone Bestandteil der ostkirchlichen Gottesdienste. In ihr sind kirchliche Lehre und psychologische Einwirkung auf die Gläubigen vereinigt. Sie ist kein Porträt in unserm Sinne, sondern sie übermittelt die geistige Essenz des Dargestellten, ruft sie sozusagen herbei. Sie vergegenwärtigt eine Idee, oder einen Ideenkomplex.

Für diese Aufgabe hat sie lapidar und zeichenhaft zu sein; sie teilt mit knappen Mitteln das Nötige mit.

Jeder Ikone liegt eine menschliche Ursituation zugrunde; etwas, das zutiefst menschlich und deshalb ewig ist.

Gleichzeitig enthält sie eine dogmatische Aussage und formuliert mit bildnerischen Mitteln das, was die Theologie nicht in Worte fassen kann. Die Verhaftung an die Ursituation, die Ursache und an einen bestimmten Text, zwingt den Maler nach vorgeschriebenem Schema zu malen. Wir können dieses Malen etwa dem Siegeln vergleichen. Tatsächlich hat die Ikone gemeinsame Wurzeln mit dem Siegel. Wer etwas siegelt, prägt der Sache sein eigenes Zeichen ein und bekundet so sein Mit-dabei-Sein. Schon früh wurden deshalb Münzen mit dem Bild des Herrschers geprägt; den Kaiser*bildern* mußte die gleiche Verehrung entgegengebracht werden wie dem Kaiser selbst. Dahinter liegt die Vorstellung, daß der Dargestellte selber oder doch seine Kraft im Bilde gegenwärtig sei. Bei den Ikonen finden wir ähnliche Vorstellungen. Wie »jede Prägung einen Prägenden voraussetzt« (C.G. Jung), so gilt auch die Ikone immer als Abdruck von etwas und soll ihrerseits im Betrachter einen Abdruck hinterlassen – im Sinne des Zeugens und Hervorrufens. Christus gilt als Ikone Gottes, der Mensch als Ikone Christi. Eine der ersten Ikonen ist das sogenannte Mandylion, ein Tuch, welchem Christus sein Antlitz einprägte, wie es in der Abgarlegende geschildert wird (eine Parallele zum Schweißtuch der Veronika).

Wie wir archetypische Prägungen in unserer Seele haben, nicht aber identisch sind mit dem Archetyp, so besteht auch bei der Ikone Ähnlichkeit zwischen Urbild und Abbild in der Erscheinungsform, dem Wesen nach sind sie aber zu unterscheiden – wie Stempel und Prägung.

Die technische Herstellung der Ikone gleicht bereits einem rituellen und symbolischen Vorgang. Dieser erinnert mich an das Schnitzen von Holzskulpturen der Primitiven, das im Sinne eines sich materialisierenden Gebetes geschieht. Ich verzichte darauf, das komplizierte Werden einer Ikone zu beschreiben; doch möchte ich erwähnen, daß der Bildträger, d.h. die Malfläche, dem Holze (Brett) eingegraben wird; es wird also ein Behälter hergestellt. Im Russischen wird dieser mit »kovceg« bezeichnet, was Kästchen, Köfferchen, Reliquienschrein aber auch Bundeslade und Arche Noah bedeutet: alles Muttersymbole! Als wollte man dem dargestellten geistigen Geschehen einen austragenden mütterlichen Leib bereiten.

Die Maltechnik geht vermutlich auf das Malen der ägyptischen Mumienportraits des 2.-5. Jahrhunderts zurück, die in Fayum gefunden wurden.[9] Vielleicht liegt hier auch eine der geistigen Wurzeln der Ikone. Diese Bilder waren mit Wachsfarben gemalt. Wachsfarben werden heiß aufgetragen und neben dem Pinsel auch mit Griffel, Spachtel, Brenneisen und Löffel bearbeitet. Es entsteht dabei nicht ein flaches, sondern ein drei-dimensionales Bild. Diese Feinst-Körperlichkeit ist für das Phänomen Ikone erwünscht und einleuchtend, weil es sich bei Sinn und Funktion der Ikonen nicht nur um geistige Realitäten handelt, sondern stets auch um die Umsetzung des Unaussprechbaren, Unbegreifbaren in das Greifbare – im Sinne einer Inkarnation. Ikonen müssen deshalb einen taktilen Reiz haben; diesen haben sie, wie die Erfahrung beweist, auch!

Ikonen stehen geistesgeschichtlich an der Schwelle zwischen dem alttestamentlichen Bilderverbot (Verbot der Rundplastik) und der Aufhebung dieses Verbotes in christlicher Zeit. Gemäß der Bilderlehre des Johannes von Damaskus (8. Jahrhundert) hat sich das Bilderverbot in der und durch die Inkarnation überlebt, da Gott selber sich im Menschen Jesus Christus abgebildet hat. Mir scheint es sinnvoll, in der Ikone eine Verbindung von Plastik und flachem Bild zu sehen – diesbezüglich herrschen allerdings verschiedene Auffassungen.

Bei der technischen Herstellung ist wichtig, daß das Bild sich nicht von der Unterlage lösen kann, genau so wie das Abbild sich nicht vom Urbild trennen soll. Das Bild darf nur mit natürlichen Farben gemalt werden, da diese Zeichen und Pfand der mitbeteiligten Schöpfung sind. Gott inkarniert sich in der ganzen Schöpfung. Unterster Malgrund ist weiße Kreide auf einem Stoffgewebe. Auf das Weiß wird Gold gelegt (im Notfall gelb), welches die Heiligkeit des Gegenstandes bezeichnet. Gold gilt nicht als Farbe, sondern als Reflex des göttlichen Sonnenglanzes; es gehört einer andern Seinsebene an als bunte Farbe.

»Das Bild beginnt nach sorgfältigster Präparierung des Bildträgers mit dem Einritzen der Umrißzeichnung. Diese ist mehr und anderes als ein Vorentwurf. Sie bedeutet die Abgrenzung gegen das Grenzenlose. Durch den Umriß hebt man ein Etwas aus dem Nicht-sein in das Sein, aus dem Unbestimmten ins menschlich

Bestimmte und Begrenzte, aus dem Gestaltlosen ins Geformte, aus dem Übersinnlichen ins Sinnliche, aus dem Zeitlosen in die Zeit. Was vorher unsichtbar und wesenlos war, enthält nun sein eigenes Sein. Das Bild wird deshalb als Zuwachs an Seiendem bezeichnet und empfunden.«[10]

In der Umrißzeichnung hebt also der Prozeß des Erscheinens an; oder psychologisch gesprochen: der eigene Lebensentwurf. Es ist das Ewige, das wie eine Epiphanie aufzudämmern beginnt. Die Linie spricht dabei mehr den Verstand (nus), die Farbe mehr die sinnliche Empfindung (aisthesis) an. Der Maler beginnt mit dem dunkelsten Farbton. Schicht um Schicht werden die helleren Farben aufgelegt bis zu den weißen Glanzlichtern, die auf den bedeutsamsten Stellen leuchten, vergleichbar einem Bewußtseinsprozeß, wie ihn Paul Klee schildert: »Licht ist nicht dort, wo die Natur es hinplaziert, sondern dort wo wir es hinzusehen wünschen als Ausdruck der Vergeistigung, dort wo sich Geist und Erkenntnis verdichten.«[11] Durch die vielen Farbschichten entsteht das schon erwähnte Fein-Relief.

Um bestimmte Wirkungen auf den Betrachter zu erzielen, werden raffinierte Mittel angewendet; so z.B. die umgekehrte Perspektive[12], die aus dem Betrachter einen Bewirkten werden läßt, oder das Sende- oder Eigenlicht, das aus den Ikonen hervorgeht. Ikonen tragen ihr Licht in sich. Dieser Effekt entsteht dank dem weißen Kreidegrund, der die Strahlen des eindringenden Lichtes reflektiert und durch die durchsichtigen Farbschichten zurückspiegelt. »Sendelicht oder Sendefarbe bewirken im Betrachter ein diskussionsloses Gegenüberverhältnis, so wie ein Signal nicht Diskussion, sondern Gehorsam erwartet.«[13] In Form und Farbe wird suggestiv übertrieben.

Vor allem, so heißt es, solle die Farbenpracht der Ikonen Freude hervorrufen. Dieser Hinweis auf die Freude erfolgt so oft, daß ich zur Auffassung gekommen bin, darin liege eine Parallele zu Jungs Beobachtung, daß archetypische Bilder, wenn sie aus dem Unbewußten auftauchen, stets eine emotionale Ladung haben, die nicht selten zu numinosen Erlebnissen führt.

Nun noch einige Worte zur Gedankenwelt, die hinter dem Phänomen Ikone steht: Es sind vor allem die Lehren des Dionysios Areopagita, eines nicht sicher identifizierbaren Theologen des 5. oder 6. Jahrhunderts. Ich kann nur einige Grundzüge seiner Lehren skizzieren; sie sind nicht nur für Ikonen grundlegend, sondern für die christliche Mystik überhaupt. Dionysios geht der Frage nach, wie der »unsinnliche, rein geistige Kosmos im sinnlichen Kosmos zur Erschließung gebracht werden kann«, so seine Formulierung. Auf meine eigene Gedankenstufe übertragen und vereinfacht, würde diese Frage für mich lauten: Wie kann etwas Geistiges konkret erfahren werden? Wie transponiert man etwas von einer Ebene auf eine andere? Welches sind die Korrelate?

Dionysios faßt Gott als »übergöttliche Gottheit« auf. Er versteht ihn als »unbeschreibbares, göttliches Urlicht«. Das Urlicht ist dem Menschen erfahrbar durch »Schau« (theoria) und durch »geistige Einsicht« (episteme). Visionen und Werke der Phantasie lehnt Dionysios ab. Die erwünschte geistige Einsicht ist eine Folge der bewußten, geistigen Auseinandersetzung.

Der geistige und der irdische Kosmos sind im System des Areopagiten hierarchisch geordnet und zwar in Dreiergruppen. Gott am nächsten stehen die Cherubim, Seraphim und Throne. Die Information vom »unbeschreiblichen Urlicht« Gottes wird zuerst den obersten Engelhierarchien zuteil; diese wiederum geben sie weiter an die nächsten Engelkategorien. Sie übermitteln das Geschaute an die kirchlichen Würdenträger und diese schließlich teilen dem gewöhnlichen Menschen davon mit. Nicht jeder Mensch hat gleich viel Erkenntnis: jeder aber ist an seinem Standort verpflichtet, soviel Erkenntnis weiter zu geben, wie er sich erarbeitet hat, sein Nächster fassen kann. Ein Jeder nach seinem Maß. Jeder Mensch ist in eine bestimmte Stufe oder Kategorie hineingeboren, d.h. in eine bestimmte Seins-Qualität. Dafür ist er nicht verantwortlich, das gehört zu seinem Schicksal. Verantwortlich ist er aber dafür, daß er sich aus dieser Seins-Stufe in immer höhere Kategorien herausentwickelt, um so Gott näher zu kommen.

Es entspricht der Vorstellung des Areopagiten, daß »das göttliche Licht« von oben durch unendliche Schichten und Stufen hinunterdringt, bis auf der untersten Stufe die »himmlischen Urbilder nur noch als dunkle und schwer leserliche Bilder der Wahrheit« oder als »schwer erkennbare Rätselzeichen«[14] vom Menschen wahrgenommen werden können. (Wer dächte da nicht auch an Traumbilder!) Hier sehen Orthodoxe den Platz und die Funktion der Ikone. Sie vermittelt von oben nach unten die ewigen Bilder, den geistigen Kosmos und hilft dem Menschen bei der Rückspiegelung.

Das System des Dionysios ist nicht statisch, sondern dynamisch. Das Ausgehen des Lichtes von Gott wird als »großartige Bewegung des göttlichen Eros«[15] beschrieben. Wie wir wissen, wohnt dem Eros-Prinzip stets das Drängen nach Vereinigung inne, ganz im Gegensatz zum Logos-Prinzip, dem die Aufgliederung, die Ent-faltung eignet. Da also, nach Auffassung des Dionysios, von Gott etwas auf den Menschen zudrängt, muß auch von diesem eine Zuwendung zu Gott stattfinden. Diese menschliche Antwort nennt er »Rückwendung«. Der Mensch soll wie ein Spiegel reflektieren und zurücksenden, was er an Erkenntnis empfangen hat.[16] Wieder: ein jeder nach seinem Maß. Wir befinden uns nahe am Jung'schen Begriff des Selbst, bezeichnet er doch das Selbst als das Organ, mit dem wir, einem Spiegel gleich, das Göttliche wahrnehmen können. Durch das Wahrnehmen und Verarbeiten der rätselhaften Bilder, also durch seine Mitarbeit, wird der Mensch in den Strom des sich zu Gott rückwendenden Eros miteingeschlossen und Gott näher geführt. Jede Stufe macht ihn Gott ähnlicher im Sinne der Vergeistigung. Dies ist auch erstes und letztes Ziel des orthodoxen Glaubens: Der Mensch muß seine Gottebenbildlichkeit, wie sie ihm bei der Schöpfung zugesagt wurde, anstreben und dies kann er mit Hilfe der Urbilder erreichen, die er in Abbildern erfährt. Etwas bescheidener würden wir es als Streben nach Ganzheit bezeichnen – gemäß Matthäus 5,48, wenn wir das Wort »vollkommen« einmal durch das Wort »ganz« ersetzen: »Darum sollt ihr ganz sein, wie euer Vater im Himmel ganz ist.« Die in diesem Prozeß nötigen Bilder übermittelt die Ikone, die an der Schwelle zwischen Göttlichem und Menschlichem steht. Sie sammelt für uns wie ein Fenster oder eine Linse die in stetem Austausch hin und her fließenden Strahlen, Kräfte und Bilder.

Dionysios schreibt zum Gottesbegriff, Gottes Transzendenz verbiete es, ihn mit materiellen Zeichen beschreiben zu wollen. Es sei »unschicklich«, ihn mit »Licht« zu umschreiben, da Er ebensosehr »Nichtlicht« sei. Folgerichtig nennt er Ihn »überlichte Finsternis«[17] (eine complexio oppositorum in se). Auf Ikonen wird deshalb das Symbol Gottes, die »Sphaira«, meist dunkel, ja schwarz dargestellt. Dionysios ist der Ansicht, daß Gott nie verstehbar, wohl aber erfahrbar sei, indem man die absolute Finsternis seiner Unerklärbarkeit annimmt, oder: »Je tiefer man in das göttliche Geheimnis eindringt, desto dunkler wird es.«[18]

Dies sind einige Stichworte, die etwas den Zugang zur Welt der Ikonen öffnen sollen. Wie arm aber bleiben Worte angesichts der unermeßlichen Sinnfülle, die uns aus diesen Bildern entgegenströmt!

Wenn ich in den folgenden Ausführungen einige Ikonen gewissermaßen von der Bilderwand herunternehme, um sie von nahem zu betrachten, so tue ich dies nicht ohne Scheu. Ich vergesse keinen Augenblick, wo ihr Platz ist; ich werde sie nach der Betrachtung wieder an ihren heiligen Ort zurückstellen.

Ist unsere Beziehung zu Ikonen auch eine andere als die des orthodoxen Christen, so sind diese Bilder doch auch für uns wahre Urbilder und deshalb Bilder des Heils. Wir erfahren es als heilend, unser beschränktes, kleines, subjektives Eigenes dem in den Bildern aufgezeigten Großen, Objektiven und Ganzen zuzuordnen.

Hierzu die Stimme eines Erfahrenen, eines Arztes: *»Wer mit Urbildern spricht, spricht wie mit tausend Stimmen, er ergreift und überwältigt; zugleich erhebt er das, was er bezeichnet, aus dem Einmaligen und Vergänglichen in die Sphäre des Immerseienden. Er erhöht das persönliche Schicksal zum Schicksal der Menschheit und dadurch löst er auch in uns alle jene hilfreichen Kräfte, die es der Menschheit je und je ermöglicht haben, sich aus aller Fährnis zu retten und auch die längste Nacht zu überdauern. (Das ist das Geheimnis der wirkenden Kunst.)«*[19]

Und die Stimme Jesu: *»All das redete Jesus zu den Volksmassen in Gleichnissen. Ohne Gleichnisse sprach er nicht zu ihnen. So erfüllte sich das Prophetenwort: Ich öffne meinen Mund in Gleichnissen. So tue ich kund, was die Welt von Urzeiten her in sich birgt an Geheimnissen«* (Matthäus 13,34-35).

Empfängnis der Heiligen Anna

EINE FRUCHTBARE BEGEGNUNG

Ich beginne diese Betrachtung mit etwas Freundlichem: mit einem Kuß. Wir sehen Joachim und Anna, die legendären Eltern der Maria, die sich hier küssend begegnen. Aus diesem Kuß soll dann Maria, die spätere Gottesmutter, hervorgegangen sein.

Wie immer werfen große Dinge ihre Schatten voraus; so auch das Werden und die Geburt der Gottesgebärerin und »Gottestochter«, die selber erst geboren werden muß, bevor es zu einer Gottes-Geburt kommen kann.

Die Legende, die wir bei unserem Bild zu berücksichtigen haben, stammt aus dem Prot-Evangelium des Jakobus, einem apokryphen Evangelium des 2. Jahrhunderts.[1] Legenden sind nicht gewöhnliche Geschichten, sondern aus vielen Quellen gespeiste Sinnübermittler – wie Märchen. In bildhafter Sprache übermitteln sie uns nötiges Wissen. Ich gebe hier den Teil der Legende, der in dieser Ikone spricht, gekürzt wieder:

Das Ehepaar Joachim und Anna ist kinderlos geblieben. Diese betrübliche Tatsache kränkt Joachim und bedrückt Anna. Joachim ist in seinem männlichen Stolz verletzt, da er als Kinderloser nicht mit den andern Söhnen Israels am Altar opfern darf, oder doch nur als Letzter. Anna fühlt sich als Unfruchtbare minderwertig und aus der Norm alles Lebendigem ausgestoßen, ja, sie wähnt sich verlassen von der Güte Gottes. Sie sieht sich verflucht, geschmäht und verachtet. Für beide ist das Leben zum Stillstand gekommen. Wir haben die typische Situation des So-nicht-mehr-weiter-Könnens, zu der es meist kommen muß, bevor wir willens sind, neue, noch nie versuchte Schritte zu unternehmen, und bevor eine neue Entwicklung anheben kann.

Joachims neuer Schritt besteht darin, daß er sich mit allen seinen Herden in die Wüste zurückzieht, wo er innig betet, aber auch schwört, daß er nicht eher esse und trinke, als bis Gott ihn erhöre und ihm ein Kind schenke. Eine andere Ikone zeigt Joachim in der Wüste. Sie zeichnet ihn sinnend, harrend, eingesponnen in einen eiförmigen grünen Busch. Anna gerät ihrerseits in völlige Niedergeschlagenheit über ihr Kinderlos-Sein und über die Abwendung ihres Gatten, die sie zur »Witwe« werden läßt. Die Trennung bringt es mit sich, daß beide Partner die Situation der innern »Wüste« und Dürre auszuhalten haben. Es gilt, die Zeit der Hoffnungslosigkeit durchzustehen. Joachim und Anna versuchen nun, ihr Problem auf je eigene Weise anzugehen.

Anna gelingt es schließlich, sich in ihrem Trübsinn aufzurichten. Als Zeichen ihrer gewandelten Einstellung und ihrer wiedererwachten Hoffnung, schmückt sie sich mit ihrem Hochzeitskleid und setzt sich unter den Lorbeerbaum in ihrem Garten, wo sie ihrer ganzen Not in ergreifenden Worten Ausdruck verleiht. Ihre Wehklage lautet:

»Und Anna seufzte zum Himmel empor, und sie sah ein Sperlingsnest im Lorbeerbaum, und alsbald erhob sie für sich eine Klage:

> *Wehe mir, wer hat gezeugt mich,*
> *was für ein Mutterleib mich hervorgebracht?*
> *Denn zum Fluche bin ich geboren vor ihnen allen und vor Israels Söhnen, und ich wurde geschmäht, und sie verspotteten und vertrieben mich aus dem Tempel des Herrn.*
> *Weh mir, wem ward ich gleich?*
> *Nicht ward ich gleich den Vögeln des Himmels; denn auch die Vögel des Himmels sind fruchtbar vor Dir, Herr!*
> *Weh mir, wem ward ich gleich?*
> *Nicht ward ich gleich den vernunftlosen Wesen;*
> *denn auch die vernunftlosen Wesen sind fruchtbar vor Dir, Herr!*
> *Weh mir, wem ward ich gleich?*
> *Nicht ward ich gleich den Tieren der Erde;*
> *denn auch die Tiere der Erde sind fruchtbar vor Dir, Herr!*

Weh mir, wem ward ich gleich?
Nicht ward ich gleich diesen Wassern;
denn auch diese Wasser sprudeln freudig dahin, und ihre Fische preisen Dich, Herr!
Weh mir, wem ward ich gleich?
Nicht ward ich gleich dieser Erde;
denn auch diese Erde bringt ihre Frucht zu gegebener Zeit und preiset Dich, Herr!

Und siehe, ein Engel des Herrn trat zu ihr und sprach: Anna, Anna, der Herr hat deine Bitte erhört. Du wirst empfangen und gebären, und deine Nachkommenschaft wird in der ganzen Welt genannt werden. Da sprach Anna: So wahr der Herr, mein Gott, lebt, wenn ich gebären werde, sei es ein Knabe oder ein Mädchen, so will ich es dem Herrn, meinem Gott, als Opfergabe darbringen, und es soll ihm Dienste verrichten alle Tage seines Lebens. Und siehe, da kamen zwei Boten und sprachen zu ihr: Siehe, Joachim, dein Mann, kommt mit seinen Herden; denn ein Engel des Herrn ist zu ihm herab gestiegen und hat ihm gesagt: Joachim, Joachim, Gott, der Herr, hat deine Bitte erhört. Ziehe hinab! Siehe, Anna, dein Weib, hat in ihrem Leib empfangen. Und Joachim zog sogleich hinab...«

Etwas weiter unten lesen wir dann:

»... *und Anna stand unter der Türe, und sie sah Joachim kommen, lief alsbald herbei, fiel ihm um den Hals und sprach: Jetzt weiß ich, daß Gott, der Herr, dich und mich reich gesegnet hat...«*

So weit die Legende, die unsere Ikone begleitet.

Wir erleben im Text mit, wie das Aushalten der Depression und der Trennung für beide Partner eine gewandelte Grundeinstellung mit sich bringt, die Neues möglich macht. Jedem bringt ein Engel die frohe Kunde.

Auf dem Bild sehen wir den Augenblick, da die neue Begegnung stattfindet, »unter der Tür«, wie die Legende treffenderweise vermerkt. Über dem Paar breitet sich ein roter Schleier aus. Er ist seit ältester Zeit Zeichen göttlicher Nähe,

Symbol der Gottesbeziehung und Bild des Hochzeitsschleiers. Wie zufällig befindet sich am Ort des befruchtenden Kusses eine helleuchtende Stelle, die die Wichtigkeit des Vorgangs betont: Durch diesen Kuß soll ja das Mädchen Maria entstanden sein, so sieht es die orthodoxe Lehre.

Die orthodoxe Kirche kennt den Glaubenssatz von der Erbsündelosigkeit Mariens nicht. »Maria wird nicht ohne Mann geboren; auf Grund einer Verheißung zwar, aber aus der Verbindung mit einem Mann.«[2] »Aus seinem Samen«, wie es gelegentlich heißt, oder eben aus seinem Kuß. Maria bleibt, obwohl »Gottes-Tochter«, eine Tochter der Menschen. Sie ist irdischer Herkunft. Da ich in Maria ein Urbild – nicht Vorbild – der Frau sehe, ist mir diese Auskunft wichtig.

Ich kehre zurück zur Legende: Sie erzählt, daß Anna, mit dem Hochzeitskleid angetan, sich unter den Lorbeerbaum ihres Gartens setzt. Wer sich unter einen Baum setzt, fühlt sich im Rücken gestützt und von oben beschirmt. Der Baum ist ein Sinnbild des sich entfaltenden und stets sich erneuernden Lebens. Von alter Zeit her galt er als Ort der Offenbarung Gottes, als Mittelpunkt der Welt. Sein alljährlich neues Ergrünen macht ihn zum Hoffnungssymbol und erinnert an den Baum des ewigen Lebens. Ganz leise ist im Baum auch das Kreuzesholz angetönt, das vom Baume des Lebens stammen soll. Erlebt Anna in ihrer Stunde der Trübsal eine Ahnung des Kreuzesgeschehens?

Wiederverbunden mit den Kräften der Natur, setzt sich Anna neu dem eigenen Lebensprozeß aus. Der Lorbeerbaum, unter welchem sie sitzt, mag sie dabei hilfreich unterstützt haben, wird ihm doch inspirierende und reinigende Kraft zugeschrieben.

Betrachten wir die Farben unserer Ikone, so springt das lebhafte Rot und Grün in die Augen. Jede Farbe hat ihr arteigenes Wesen. So ordnen wir die Farbe Rot z.B. dem Blut, der Liebe, der Leidenschaft, dem Leben zu. Seine starke Wirkung läßt uns an Feuer, Kraft, Emotion denken. Den Märtyrern ist Rot als liturgische Farbe zugesellt. Rot hat Signalwirkung und löst erhöhten Pulsschlag aus.

Die Farbe Grün erinnert an die Natur und deren Wachstumskräfte: an junge Triebe, das Sprossen der Bäume, den alljährlichen Neubeginn. So deutet Grün Hoffnung an, die uns ausharren läßt. Grün ist die Farbe des lebensschaffenden Heiligen Geistes. Rot und Grün bezeichnen Elementarkräfte und bilden zusammen ein Komplementärfarbenpaar. Komplementärfarben sind sich entgegengesetzt, fordern und steigern sich gegenseitig zu höchster Leuchtkraft. Jede Farbe hat nur *eine* Komplementärfarbe. Die beiden Farben unserer Figuren zeigen an, daß sich »die Richtigen« gefunden haben und daß fruchtbringende Spannung entstanden ist.

Ein Komplementärfarbenpaar enthält in sich alle Grundfarben, – physikalisch gesprochen – das totale Licht, die Ganzheit.

Wichtig scheint mir, daß *beide* Figuren Rot *und* Grün tragen: Jede ist in sich ganz und heil geworden. Nicht ihre Symbiose ließ sie fruchtbar werden, sondern ihre Besinnung auf sich selbst, das durchgestandene Leiden an sich selbst.

Wie wir gehört haben, findet die neue Begegnung des Ehepaares »unter der Tür« statt. Eine »Türe« ermöglicht Eingang, Ausgang, Durchgang. Anfangs- und Durchgangssituationen können durch eine offene Türe symbolisiert werden. Auf der Ikone sind zwei offene Tore zu sehen. Sie erwecken den Eindruck, daß die Partner nun neu füreinander offen sind, neuen Zugang zueinander finden.

Der Bogen über dem Tor ist mir Bild eines Spannungsbogens der sich zwischen zwei Fixpunkten hergestellt hat. Ich verstehe ihn auch als Bogen der Versöhnung, als Zeichen der Versöhnung Gottes mit dem Menschen. Joachim und Anna sind mit ihrem Schicksal ausgesöhnt. Jeder hat seine eigene Gottesbeziehung gefunden. Das wird ihrer Begegnung Frucht bringen.

Auch die grüne, viereckige Stufe, auf welcher das Paar steht, zeigt an, daß die beiden nun »festen Boden« unter den Füßen haben, er verheißt Wachstum; mitgemeint ist wohl auch ein Hinweis auf den gemeinsamen Teppich, auf dem, nach orthodoxer Sitte, das Hochzeitspaar während der Trauung steht. Der Teppich bedeutet u.a. das gegenseitige Verwobensein, die Verbundenheit: Aus dieser Verbundenheit kann Neues entstehen. Es wird das Mädchen Maria, die Gottestochter sein.

Das Fest der Begegnung wird seit dem 8. Jahrhundert in Konstantinopel gefeiert; von dort übernimmt es der Westen im 11. Jahrhundert.

Ich schließe meine Betrachtung mit dem Kontakion[3] des Tages 9. Dezember:

Heute feiert der Erdkreis die Empfängnis der Anna,
die durch Gott geschah.
Sie empfing die, welche entgegen jedem Wort
das Wort »Selbst« empfangen sollte.[4]

Das Apolytikion zum 9. Dezember lautet:

Heute werden die Fesseln der Kinderlosigkeit gelöst.
Gott erhört Joachim und Anna und verheißt ihnen nachdrücklich,
daß sie gegen alle Hoffnung eine Gottestochter empfangen werden.
Aus dieser wurde der Unfaßbare selbst als Sterblicher geboren,
der ihr durch den Engel zurufen ließ:
Freue Dich, Begnadete, der Herr ist mit Dir![5]

Es frohlockt nun Anna,
da sie von den Fesseln der Unfruchtbarkeit befreit wurde,
und nährt die Allreine.
Alle ruft sie zusammen, damit sie den preisen,
der aus ihrem Schoße den Sterblichen jene schenkte,
welche einzig ohne Mann Mutter wurde.[6]

Geburt Mariä

EIN ALLTÄGLICHER LEBENSANFANG

Das Fest der Geburt der Gottesmutter gehört zu den ältesten Marienfesten der Kirche und wurde in Konstantinopel schon im 6. Jahrhundert gefeiert. Vermutlich liegt sein Ursprung im Weihefest der Anna-Kirche in Jerusalem. Orientalische Mönche haben das Fest im 7. Jahrhundert nach Rom gebracht. Es ist das erste Fest des Kirchenjahres und »will daher, über alles Historische hinaus auch als heilsgeschichtlicher Markstein verstanden sein«[1].

Auf unserer Ikone sehen wir links Anna auf ihrem Lager. Sie wird von Dienerinnen bewirtet und gepflegt. Links unten sitzt die Amme mit dem neugeborenen Mägdlein Maria in ihrem Arm. Der Vater Joachim blickt aufmerksam und voller Freude zu Anna. Seine Geste bekundet, daß er sich mit ihr unterhält. Mit der Linken faßt er eine Schriftrolle, Zeichen des Wortes Gottes. Das runde Kissen unter Joachims Füßen scheint anzudeuten, daß nun alles »rund läuft« für die kleine Familie. Das Bild ist in vorwiegend warmen Farben gemalt und läßt uns so die geborgene Atmosphäre der Geburtsstube mitempfinden, in der Marias Leben begonnen hat; dies ganz ungleich der Geburt Christi, die als eine Geburt in der Höhle beschrieben wird.

Die Geburt und Entwicklung der späteren Mater und Mutter eines Gottessohnes fängt im Rahmen des Alltages an, auch dann, wenn sie schließlich zur Matrix, Urheberin und Quelle wird, ja gerade dann. Erst muß der alltägliche, natürliche Mensch geboren und ein Entwicklungsweg durchlaufen werden, bevor das Wunderbare geschehen kann. Diese banale, aber wichtige Phase darf nicht übersehen und nicht übersprungen werden: das sollte auch uns selber eine Lehre sein.

Im Kinde Maria sehe ich den weiblichen, kreatürlichen Menschen dargestellt, mit dem das Göttliche oder Geistige sich zu gegebener Zeit verbinden will. Aus der vordem unfruchtbaren Anna geht die künftige Gottesmutter hervor. Gerade diese Unfruchtbarkeit ist uns ein bedeutsamer Hinweis, kann es sich doch zeigen, daß auch in unserer Entwicklung eben jene Seelenteile, jene Eigenschaften, die bisher brachlagen, schließlich neues Leben und neue Sinnfindung ermöglichen.

Der so natürliche Anfang des Marienlebens sagt mir, daß Großes stets im konkret gelebten und bewältigten Alltag beginnt; denn dort und durch ihn wird der Boden für Zukünftiges gelegt, und ein tragender Grund für geistige Entwicklungen bereitet.

Das Werden einer Ikone selbst scheint dieser Idee Rechnung zu tragen, muß doch der Bildgrund sorgfältig in mehreren Phasen bearbeitet werden, bevor er das heilige Bild aufnehmen kann. Geradezu symbolisch wirkt, daß als unterste Schicht ein Gewebe dient. Über die Bedeutung von Weben und Spinnen haben wir bei einer anderen Ikone (s. Seite 52) nachgedacht; auch über die Geburt wird noch vieles zu sagen sein.

Ich schließe mit dem Kontakion der Vigil zu Mariä Geburt:

> **H**eute wird die Jungfrau und Gottesmutter Maria,
> das unberührte Gemach des Himmlischen Bräutigams
> von einer Unfruchtbaren nach Gottes Willen geboren.
> Tragschrein des Wortes Selbst sollte sie werden.
> Dazu war sie vorherbestimmt
> als göttliche Pforte und Mutter des wahren Lebens.

Troparion[2] der Vigil:

Freut euch zusammen, Himmel und Erde!
Ihr Völkerstämme preiset sie!
Joachim jubelt und Anna ruft voll Festesfreude:
Die Unfruchtbare gebiert die Amme unseres Lebens.

Troparion des 8. September:

Deine Geburt, Gottesmutter,
hat dem ganzen Erdkreis Freude beschert.
Denn aus Dir ging auf die Sonne der Gerechtigkeit,
Christus unser Gott.
Er nahm den Fluch hinweg,
brachte den Segen, zerstörte den Tod
und schenkte uns ewiges Leben.[3]

Geboren wird sie,
und der Kosmos wird mit ihr erneuert,
Geboren wird sie,
und die Kirche kleidet sich mit ihrer Schönheit.
Heiliger Tempel, Gefäß der Gottheit,
jungfräuliches Werkzeug, königliches Brautgemach,
in dem das unfaßbare Geheimnis
der unaussprechlichen Einigung
beider in Christus geeinter Naturen vollendet ward.
Ihn beten wir an
und Lieder singen wir der allreinen Geburt der Jungfrau.[4]

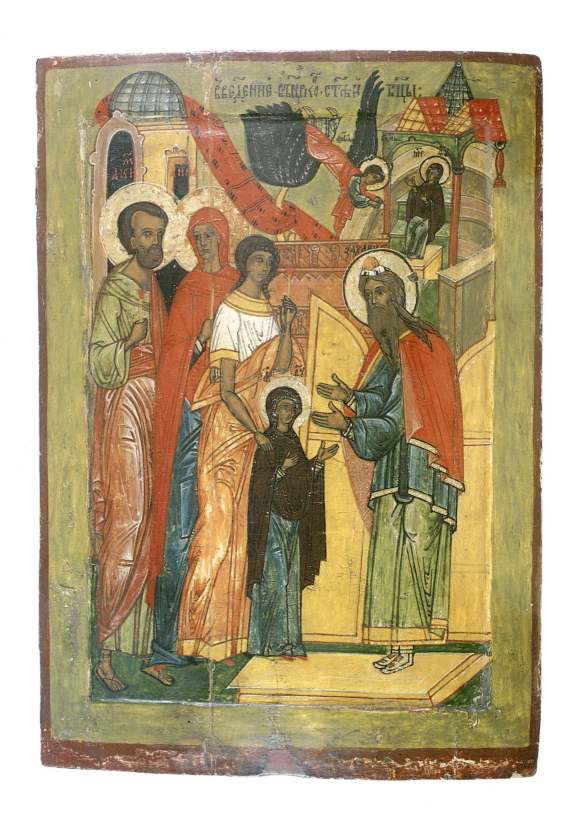

Mariä Einführung in den Tempel

STUFEN DES LEBENS

Auf dieser Ikone bereitet Maria sich vor, selber »Tempel zu sein«, oder wie das Liturgikon (Meßbuch der Ostkirche) es schreibt: »sie bereitet sich auf ihren Gottesmutter-Beruf vor«. Die kleine Maria wird von ihren Eltern als Dankesgabe dem Tempel geweiht.

Historisch hat das Fest seinen Ursprung in der Weihe der Neuen Marienkirche in Jerusalem, im Jahre 543. Dieses Fest wird am 21. November gefeiert und ist eines der vier Hauptfeste zu Ehren der Gottesgebärerin.

Unser Bild basiert auf dem Prot-Evangelium des Jakobus (7,1-8,1) und andern apokryphen Quellen.

Die Monate verstrichen, und das Kind wurde älter. Als es nun zweijährig war, sprach Joachim zu Anna: »Wir wollen es hinaufbringen in den Tempel des Herrn, damit wir das Versprechen erfüllen, das wir gegeben haben, und der Herr nicht etwa zu uns sende und unsere Gabe unwillkommen werde!« Aber Anna entgegnete: »Warte (noch) das dritte Jahr ab, damit das Kind (dann) nicht mehr nach Vater und Mutter begehre.« Und Joachim sagte: »Einverstanden.« Und als das Kind dreijährig geworden war, sagte Joachim: »Wir wollen die unbefleckten Töchter der Hebräer rufen, die mögen jede eine Fackel nehmen, und diese sollen brennend sein, auf daß sich das Kind nicht zurückwende und sein Herz nicht vom Tempel des Herrn weggelockt werde!« Und er verfuhr in dieser Weise, bis sie hinaufkamen zum Tempel des Herrn. Und der Priester empfing es, küßte und segnete es mit den Worten: »Der Herr hat deinen Namen groß gemacht unter allen Geschlechtern; an dir wird der Herr am Ende der Tage seine Erlösung für die Söhne Israels offenbaren!« Und er setzte es auf die dritte Stufe des Altars, und Gott, der Herr, legte Anmut auf das Kind, und es tanzte vor Freude mit seinen Füßchen, und das ganze Haus Israel gewann es lieb.

Und seine Eltern zogen hinab, verwundert und mit Lob und Preis für Gott, den Allmächtigen, darum daß sich das Kind nicht rückwärts gewandt hatte [zu ihnen]. Maria aber wurde im Tempel wie eine Taube gehegt und empfing Nahrung aus der Hand eines Engels.

Im allgemeinen verweisen die Kommentare darauf, daß das Bild und das Fest von Weihnachten her zu deuten seien; beide seien auf die Geburt des Kommenden hin zu verstehen. Überraschenderweise regt L. Ouspensky an, man könnte zum Verständnis des Bildes auch die Lehren des Evagrios und alte rabbinische Schriften beiziehen.[1] Evagrios Pontikus war ein Schüler des Gregor von Nazianz und hat im 4. Jahrhundert in Ägypten als Mönch gelebt und gelehrt. Ouspensky führt in seinem Buch »Der Sinn der Ikonen« die Textstelle Hebräer 8,10 an. In dieser Textstelle wird erwähnt, daß Gott einen neuen Bund mit dem Menschen schließen will, da der alte Bund überholt ist. Wesentlich an diesem neuen Bund ist Gottes Wunsch: »Ich will meine Gesetze in ihren Sinn legen und sie ihnen ins Herz schreiben, und ich will ihr Gott sein, und sie sollen mein Volk sein.« Genau besehen drückt dies nicht nur eine nähere Gottesbeziehung aus, sondern besagt, daß die ewigen Gesetze nicht mehr außen auf Gesetzestafeln und Gesetzesbüchern stehen. Gott hat sie verlagert in die Seele des einzelnen Menschen. Mit dieser Verinnerlichung der Gesetze wird eine Individualisierung befördert, die dem Menschen die eigene Verantwortung zumutet; so auch die Fortsetzung des Textes.

Gott prägt dem Menschen gewisse Gesetze und Gesetzmäßigkeiten ein. Für diese Veränderung des Daseinsgefühls brauchte es offenbar auch einen veränderten Lebensraum, den der patriarchal geprägte alte Tempel nicht mehr zu bieten schien.

Es ist interessant, daß die rabbinischen Schriften sagen, dem neuen Tempel fehle einstweilen noch alles – und zwar wörtlich: »Es fehlt das Himmelsfeuer, das Öl der Salbung, das Tabernakel, der Geist der Prophetie und Urim und Thummim, die Orakelsteine (Licht und Recht), die Aaron auf der Brust trägt, um Gottes Willen zu erfahren (2. Mose 28, 13- 30).«[2]

Man darf sagen, daß dies ein noch seelenloser Tempel sei. Wie die rabbinischen

Schriften melden, soll dann der Heilige Geist selber die Idee gehabt haben, anstelle des Fehlenden, das Mädchen Maria in den Tempel einzuführen. Man höre: Hier soll sie »geistliche Lade werden, die das Wort selbst – ›Selbst‹ –, einschließt«, so wird sie den Tempel mit neuem Leben und neuem Geist erfüllen.

Gemäß der Aussage dieser Ikone durchläuft Maria nun einen Entwicklungsweg, der sich in drei Phasen gliedert; hier bezieht sich Ouspensky auf die Drei-Stufenlehre des Evagrios (das leuchtet ein, weil sie auch dem orthodoxen, dreiteiligen Bild vom Menschen entspricht). Die drei Stufen werden den menschlichen Dimensionen *Sarx, Psyche* und *Pneuma* zugeordnet. C.G. Jung findet das gleiche Schema bei den mittelalterlichen Alchemisten. Mit den Begriffen *corpus, anima* und *spiritus* wird das lebende Wesen bezeichnet. Hier wie dort geht es darum, diese drei Teile des menschlichen Wesens zu leben, und, indem man sie lebt, sie auszuformen und zu differenzieren. Dieser Dreiteilung entsprechen auch die drei Entwicklungsphasen des Menschen, nämlich: die magische, die mythische und die spirituelle Stufe.

Da ich Maria, die Gottesgebärerin, in meinen Gedanken stets mit der Frage umkreise, ob und inwieweit sie Frauen Urbild (nicht moralisierendes Vorbild!) sein könne, hat mich der mit ihr verbundene Entwicklungsweg interessiert. Was ist *Maria* als Frau zugedacht? Was habe *ich* als Frau auszuformen? Welche Stufen haben wir zu durchleben? Welche Entwicklung braucht es, bis unsere Seele für eine verbindliche Gottesbeziehung bereit ist? Wie weit muß der Mensch innerlich geeint sein, wie reif muß er werden, damit es zu neuer Belebung, zu neuer Sinnfindung, dargestellt im göttlichen Kind, kommen kann?

Auf unserer Ikone ist die Drei-Stufenlehre, die mit Maria auch uns zu den erwünschten Zielen führen soll, wie folgt dargestellt: Zu sehen ist ein dreiteiliger Tempel. Er ist als »imago mundi« (Abbild der Welt) gedacht. Links der Vorhof: Er symbolisiert das *Meer*. Die Mitte (Viereck) symbolisiert die *Erde*. Die rechte Begrenzung entspricht dem *Himmel*.

Links stehen die Eltern der Maria, Joachim und Anna, neben ihnen die hebräische Jungfrau, (in der Legende sind es deren sieben) die das Kind am Rückwärtsschauen hindern soll, muß es doch nun »Vater und Mutter vergessen«, wie es die Legende beschreibt – und wie es dieser ersten Entwicklungsstufe entspricht. Vor der Jungfrau steht – nach der Legende – die erst dreijährige Maria; ihr gegenüber, vor der Türe zum Heiligtum, der Priester, bereit, das kleine Mädchen zu empfangen.

Oben im Bilde gewahren wir noch einmal Maria auf oberster Stufe, unter einem Baldachin sitzend. Sie wird von einem Engel gespeist. »Gottesbeziehung sei ihre Nahrung«, heißt es.

Den *drei Teilen* des Tempels entsprechen die drei Phasen des Entwicklungsprozesses. Ich folge hier der Lehre des Evagrios, wie Ouspensky es für dieses Bild empfiehlt. Evagrios lehnt sich in seiner Drei-Stufen-Lehre an Origenes an.

Der *ersten Stufe*, Stufe des Vorhofes und des Meeres entspricht die *Praxis*, »das mühsame Streben, die eigene Seele zu reinigen« – so Evagrios. Gemeint ist damit die Phase der Bewältigung der Alltagsprobleme, das Ringen mit sich und seinen Fehlern, die Konfrontation mit Berufs- und Familienkonflikten, das Fragen nach den eigenen Möglichkeiten und Grenzen, nach der persönlichen Ethik. Diese, dem »Meer« zugeordnete Stufe entspricht einer noch recht unbestimmten, unbewußten Verfassung, in welcher man noch »schwimmt« und wenig klare Umrisse hat. Sie bringt uns das »reinigende Bad« der ersten Läuterung, das allmähliche In-Erscheinung-Treten unseres Wesens.

Der *zweiten Stufe*, Stufe des innern Hofes und der Erde, entspricht die *Theoria physike*, d.h. »die Erkenntnis der größern Zusammenhänge in Natur und Kosmos« (Evagrios). Diese Erkenntnis erringt man durch die Bemühung um Läuterung in der ersten Stufe und durch Askese, also durch die Arbeit an sich selbst und eine bestimmte Lernwilligkeit. In diese Phase gehört auch die Loslösung aus dem Elternhause, das Kind darf nicht zurückschauen – wie es die Legende vermerkt. Meinem Verständnis nach entspricht diese zweite Stufe dem Erlangen einer gefestigten, eigenen Weltanschauung, dem Eingeordnetsein in seinen Berufs- oder Familienrahmen, der Übernahme bestimmter Aufgaben und Verpflichtungen; die Phase, in der wir »Boden unter die Füße kriegen«, den eigenen Standort finden, wie Maria, die hier sichtbar fest auf der zweiten »Stufe« steht.

Die zweite Stufe heißt auch »Stufe der Erleuchtung«: Es erhellt und klärt sich Vieles. Klärung und Einsicht macht Heilung möglich. Wir beginnen »heil« zu werden. Das Heilende und Heilige beginnt hier zu wirken. Maria begegnet dem Priester. In dieser Phase interessieren wir uns für Biographien, eventuell auch für die Mythen anderer Völker.

Der *dritten Stufe*, Stufe des Allerheiligsten und des Himmels entspricht die *Theologia*, die Gottesschau und die Lehre über Gott. »Die Gottesschau bringt dem Himmelspilger das Erlebnis der Fülle, eventuell der Lichtfülle, die Erfahrung des Einsseins mit Gott« (Evagrios). Wir würden dies ein Ganzheitserlebnis nennen.

Evagrios meint mit diesem Erlebnis nicht die Ekstase, sondern die zunehmende oder mitunter schlagartige Erkenntnis, daß der Mensch in all seiner Kleinheit doch Teil des Ganzen ist: Beere am Weinstock, Tropfen im Meer, Rädchen im Uhrwerk der Weltzeit, nicht zu missendes Steinchen im grandiosen Mosaik der imago mundi – das Zu-sich-selbst-Finden.

Die dritte Stufe vermittelt das Gefühl der Einordnung in den großen Sinn und bringt uns die erschütternden Synchronizitätserfahrungen. Verbinden sich auf der zweiten Stufe Leib und Seele, so vereinigen sich auf der dritten Seele und Geist.

Zusammenfassend läßt sich festhalten:

Erste Stufe: Stufe des ahnungslosen Kindes (sarx).
Zweite Stufe: Stufe des beseelten Menschen, des erwachenden Selbstbewußtseins (psychae).
Dritte Stufe: Stufe des geistvollen, geisterfüllten, differenzierten, oder vergeistigten Menschen (pneuma).

Der so umschriebene Entwicklungsweg strebt die Herstellung der inneren Einheitlichkeit, der Einung, der inneren Gottebenbildlichkeit an: Gemäß Genesis 1,27: »Und Gott schuf den Menschen nach seinem Bilde, nach dem Bilde Gottes schuf er ihn; als Mann und als Weib schuf er sie.« Nach orthodoxer Auffassung gleicht die Seele des Menschen einem Spiegel, der uranfänglich getrübt ist und der nun in einem langen, mühevollen Werdeprozeß gereinigt werden muß, bis er Gott optimal spiegeln kann. Haben wir eine solche Einheitlichkeit erreicht, wenigstens temporär, dann sind wir reif zur Einung, wie das Bild Maria zeigt, als »Herangereifte« auf der Stufe der »Verlobung«. Es ist die Stufe des Verbindlich-Werdens, des Verpflichtet-Seins, der Gottverbundenheit.

An diesem Werdegang Mariens können wir mitverfolgen, wie »Selbsterfahrung, weit genug vorangetrieben, schließlich in Gotteserfahrung mündet« (H. Barz). Nicht nur der Seelenarzt von heute kommt zu diesem Befund; auch die Kirchenväter haben dieser Erfahrung Ausdruck verliehen in Sätzen wie: »Erkenne dich selbst und du erkennst Gott.«

Wir haben einiges über die Entwicklung des Mädchens, das »Maria« genannt wird, erfahren. Wir erahnen, daß sie beim Durchleben der drei Stufen reiche Lebenserfahrung gesammelt hat. Was dem Tempel selbst geschieht, da nun solch neues, junges Leben in ihn einzieht, darüber äußert sich unsere Ikone nicht. Eine *lebensvolle Seele* kann aber das fehlende Himmelsfeuer, das Salböl, das Tabernakel, den Geist der Prophetie und die Orakelsteine ersetzen, wenn wir der Legende Glauben schenken wollen.

Obwohl mir stets gegenwärtig ist, daß die Gestalt der Maria auf allen Ebenen verstanden werden muß – als Bild des Weiblichen, als Bild der Seele, als Bild der Kirche, so hat es mich doch besonders berührt, daß der ganze Lernprozeß und Werdegang durch die vorliegende Ikone an einer *Frau* dargestellt wird. Ich meine, daß dieses aufschlußreiche Bild heutigen Frauen, und nicht nur ihnen, Orientierung und Korrektur bieten könnte.

Abschließend ordne ich meine Gedanken wieder in den größeren Zusammenhang ein, lasse sie in diesen zurücktreten, indem ich die zur Ikone gehörenden heiligen Texte sprechen lasse:

Das ostkirchliche Kontakion:

> **D**er reinste Tempel des Erlösers, köstliches Brautgemach und Jungfrau, die heilige Schatzkammer der Herrlichkeit Gottes wird heute geleitet ins Haus des Herrn und mit ihr die Gnade des göttlichen Geistes. Es singen die Engel Gottes: Diese ist das Himmlische Zelt!

Das Apolytikion der Vigil:

> **A**n Freude gemahnt jetzt alle Anna. Sie ließ eine Frucht sprießen, welche die Trauer vernichtet: Die einzige Immerjungfrau. Anna führt, in Erfüllung ihres Gelübdes heute voller Freude zum Tempel des Herrn Maria, den wahren Tempel des göttlichen Wortes und seine reine Mutter.[3]

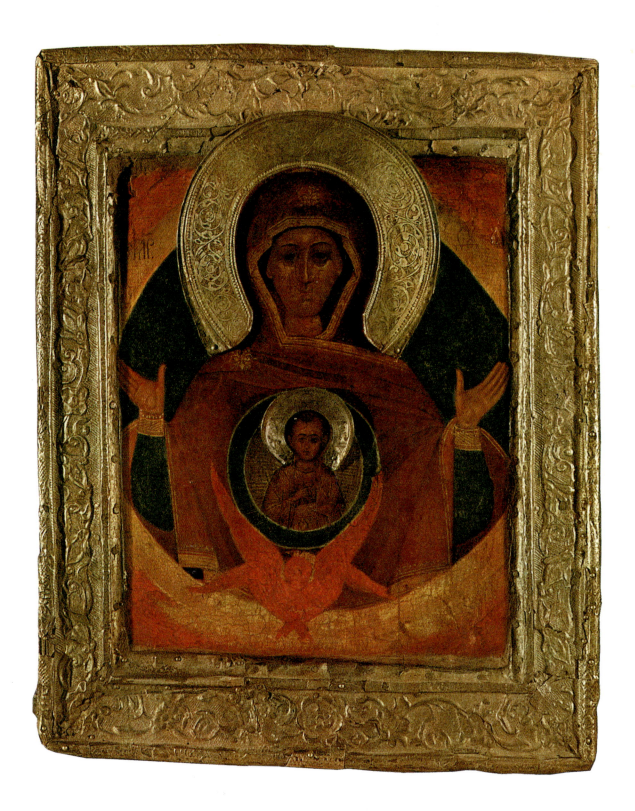

Gottesmutter des Zeichens

OFFEN FÜR DAS KOMMENDE

In dieser Ikone haben wir die Vergegenwärtigung des Textes Jesaja 7,14 vor uns. Im Zusammenhang enthält diese Bibelstelle eine Antwort an zwei sich bekämpfende Parteien, die von Gott ein Zeichen fordern. Der Prophet antwortet ihnen:

»*Darum wird euch der Herr selbst ein Zeichen geben: Siehe, die Herangereifte ist schwanger und gebiert einen Sohn und sie gibt ihm den Namen Immanu-El, (Gott mit uns).*«

Die Gottesmutter des Zeichens ist nach dem Verständnis der Ostkirche eine prophetische Ikone, welche kund tut, daß die Geburt eines göttlichen, oder wie wir sagen würden, eines inneren Kindes, möglich werde, wenn die Zeit und ein Mensch dazu herangereift seien. Als Vorverkündigung enthält das Bild eine kollektive Verheißung an alle; in der Verkündigungs-Ikone wird dann das Ereignis am Einzelschicksal geschildert.

Die Ikone »Gottesmutter des Zeichens« befindet sich auf der Ikonostase in der Mitte des Prophetenranges. Die Ikonostase ist eine Bilderwand, welche in der orthodoxen Kirche den Raum der Gläubigen vom Allerheiligsten trennt, diese zwei Bereiche aber auch gleichzeitig verbindet durch die übermittelte geistige Botschaft der Bilder. Die Wand ist in drei bis fünf Ränge gegliedert. Zum Beispiel kann der unterste Rang eine Fürbitten- Reihe mit Christus in der Mitte zeigen, der mittlere Rang die Feste des Jahreszyklus und der oberste die Gottesmutter des Zeichens mit den ihr zugewendeten Propheten, die sie auf mannigfache Weise preisen.

Meine Frage an einen orthodoxen Gläubigen, in welcher seelischen Verfassung, bei welcher Problematik er dieses Bild aufsuche, beantwortete dieser ohne Zögern mit: »Wenn ich innerlich zerrissen bin und unentschlossen zwischen zwei Möglichkeiten hin und her pendle, wenn ich nicht weiß, wie es weiter gehen soll.« Damit beschreibt er, bei näherem Zusehen, die genau gleiche Zwistsituation wie die eingangs erwähnte Jesaja-Stelle.

Überlegt man, was an unserem Bild der inneren Zerrissenheit rein formal abhelfen, oder sie doch mildern könnte, so fällt sofort die starke Zentrierung des Bildes auf, die Mitte, die uns gleichsam an sich zieht, sowie die stabilisierende Symmetrie des Bildaufbaues. Die Wärme der Farben wirkt beruhigend. Das betonte Zentrum sammelt und einigt unsere schmerzlich auseinanderstrebenden Tendenzen. Ruht das Bild auch in sich, so ist es doch voll Bewegung. Es deutet einen Vorgang an: Etwas kommt uns, sich offenbarend, entgegen. Es zeigt sich die neue Möglichkeit.

Der grün-schwarze eiförmige Hintergrund läßt die Gottesgebärerin wie aus einem kosmischen Welten-Ei aus den Urgründen des Seins hervorgehen. Die Farbe Schwarz steht für das Geheimnis, für Nichtwissen, Dunkel und Tod. In orthodoxer Sicht bedeutet Nichtwissen Sünde, weil es uns vom Licht, von Gott trennt. Es ist dem Menschen nicht gemäß, unwissend und unbewußt zu bleiben. Entwicklung heißt, sich herausdifferenzieren aus der ungeformten Masse, aus dem Ur-Chaos. Das Schwarz unserer Ikone ist durchmischt mit dem Grün des Wachstums und dem Blau des Geistes. Es birgt also Möglichkeiten und Kräfte.

Vor der Brust der Gottesmutter zeigt sich gestalthaft die neue Möglichkeit: das Kind, die Perle, der praeexistente Logos, das Selbst…, wie immer wir es nennen wollen.

Hier möchte ich etwas den Logosbegriff erhellen; soll doch diese Ikone »Darstellung des immerseienden Logos« sein. Das Wort »Logos« heißt: Wort, Definition, Naturgesetz. Das dazugehörende Verb »legein«: Sprechen, erklären, entfalten, auslegen, entwickeln. Die kurze Besinnung auf die Bedeutung des Wortes Logos zeigt keinen statischen Begriff, sondern ein dynamisches Prinzip (wie ich es schon in meiner Einführung mit dem hebräischen Wort »tsemach« = Same, Schwung, Kraft darlegte).

Logos ist das Prinzip, das sich, wie ein Same, aus sich selbst heraus entfaltet, sich zeigt und entwickelt wie ein Naturgesetz. Die Parallele zum psychologischen Begriff des »Selbst« ist nicht zu übersehen; auch dieses meldet sich autochthon, aus eigener Kraft.

Diese Ikone verkündet also u.a., daß in schweren inneren Konfliktsituationen eine Kraft in uns anspringe, die zu gegebener Zeit, aus sich selbst heraus eine Lösung, eine neue Möglichkeit bringen werde. Im Bild zeigt sich die neue Möglichkeit als Kind. Das Dynamische zeigt sich, indem alles auseinander hervorgeht: Die Mutter aus dem ewigen Urgrund, das Kind aus dem Kreis, das Licht mit dem Kind, alles kommt auf uns zu.

Nur nebenbei sei erwähnt, daß diese Ikone bei berühmten Feldzügen dem Heer vorangetragen wurde als Schutz- und Abwehrzeichen. Wer weiß – vielleicht auch als einigendes Symbol.

Die Gottesgebärerin ist auf unserem Bilde mit zum Gebet erhobenen Händen dargestellt, der ewigen Gebetsgebärde des Menschen. Ich empfehle den Betrachtenden, dieses so geformte Beten selbst auszuprobieren. Vielleicht verspüren sie einen Unterschied im Vergleich zum Beten mit gefalteten Händen. Was ändert sich? Der Atem ändert sich, es entsteht ein Spannungsfeld auf der Brust. Wir fühlen uns freier, aber auch schutzloser. Solches Beten ist kein Bitten, sondern ein sich Öffnen. Deshalb prägt es eine mutige Haltung, eine erwartungsvolle Haltung – komme was wolle. Und es will etwas kommen.

Die Farbe des Gewandes der Gottesmutter wird mit Braun-Purpur bezeichnet. Braun ist die Farbe der Erde, Purpur die des Heiligen, Königlichen. Aus der Verbindung dieser zwei Farben lesen wir ab, daß in Maria Himmel und Erde verbunden wird, Himmlisches und Irdisches sich gegenseitig durchwirkt.

Die Ärmel der Gottesmutter zeigen etwas Grünblau. Das Grün ordnet die Mutter der Vegetation, dem sprießenden Leben zu, das Blau der geistigen Welt. In Rußland trägt die Gottesgebärerin – wie schon erwähnt – auch den schönen

Namen »Mutter feuchte Erde«, hat also ihren fruchtbaren Erdmutteraspekt beibehalten.

Der gelb-rötliche Farbschein, der das ganze Bild durchwärmt, soll an reifen Weizen erinnern; muß eine Mutter doch heranreifen wie dieser. In einem Malerhandbuch wird verlangt, es seien auch deren Augen weizenfarbig zu malen! Dieser Erd- und Fruchtbarkeitsaspekt ist mir bedeutungsvoll.

Auf Haupt und Schultern der Gottesgebärerin sehen wir drei Sterne. Sie sind Symbol für ihre stete Jungfräulichkeit: »vor, während und nach der Geburt«, wie der Lehrsatz es ausdrückt.

Ikonen sind geistige Bilder, Denkbilder: Hier geht es um die innere Jungfräulichkeit, um einen Zustand der inneren Einheitlichkeit, der erreicht werden muß.

Psychologisch gesprochen ist diese Jungfräulichkeit »vor, während und nach der Geburt« Ausdruck des eigenartig unberührbaren Zustandes, der mit der Konstellierung des Selbst einhergeht, d.h. wenn unser Lebenssinn anklingt. Es ist ein Zustand, der uns in gewisser Hinsicht den Alltagskriterien enthebt. Eine solche Seelenverfassung kann beispielsweise bei schicksalshaften Entscheidungen beobachtet werden, wo die Umwelt mit Befremden auf unsere Schritte reagiert, wir selber aber wissen, daß dem inneren Impulse Folge zu leisten ist.

Der rote Feuerkreis, welcher unsere Figuren umrahmt, soll Bild der aufgehenden Morgenröte und der neuen Schöpfung sein. Er zeigt aber auch, welch' brennendes Geschehen hier vor sich geht. Es wird unterstützt durch den feurigen Seraph, (unten) der als Thronträger die Gestaltwerdung des inneren Gottesbildes vorantreibt. Das wahrhaft brennende Geheimnis treibt uns mit seiner Kraft auf neue Wege, zwingt uns, uns selber zu werden, ist in sich schon die neue Möglichkeit (»… bis daß Christus in euch Gestalt gewinnt…« Galater 4,19).

Auch der orthodoxe Hymnus weiß um die Eigenartigkeit des Geschehens. Man höre dazu einen Vers aus dem Akathistos[1], dem ältesten Lobpreis auf die Gottesmutter:

Solch ungewöhnlicher Geburt nachsinnend,
werden wir dem Gewöhnlichen mehr und mehr entwöhnt
und wenden unser Sinnen zum Himmel.
Denn der Gewaltige hat die Schwäche des Menschseins auf sich genommen,
damit Er aus der Tiefe führe jene,
die als Herrn ihn glauben.

Da den Kosmos retten wollte der Kosmos-Schöpfer des Alls,
trat er, sich selbst ankündigend, in ihn ein.
Da er als Gott auch der Hirt ist,
erschien er unseretwegen, uns gleich als Mensch.
Denn durch Gleiches berief er das Gleiche,
doch vernimmt Er als Gott: Alleluja!

Verkündigung

EINBRUCH IN EINE HEILE WELT

Dieses wohlbekannte Bild zeigt die Verkündigung des Engels an Maria, wie sie uns im Lukas-Evangelium (1,26-38) überliefert und im Prot-Evangelium des Jakobus weiter ausgeschmückt ist. Das Fest der Verkündigung ist seit dem 7. Jahrhundert historisch bezeugt und wird am 25. März gefeiert. Der Bild-Typos geht auf das 2. Jahrhundert zurück; er findet sich schon in den Priscilla-Katakomben in Rom. Dem festlichen Tag geht ein Jubelgruß voran. Ich nenne das Troparion des Vorabends:

> *Heute ist der Vorklang allumfassender Freude,*
> *da wir mit Jubel die Vorfeier begehen.*
> *Siehe, Gabriel kommt, der Jungfrau die Freudenbotschaft zu bringen.*
> *Sei gegrüßt Gnadenvolle,*
> *der Herr ist mit Dir!*

Den Lukas-Text setze ich als bekannt voraus, möchte aber den poetischen, mit Symbolen durchwirkten Jakobus-Text (10-12,2) im Wortlaut zitieren[1].

Es fand aber eine Beratung der Priester statt, die beschlossen: »Wir wollen einen Vorhang für den Tempel des Herrn anfertigen lassen«. Und der Priester sprach: »Rufet mir unbefleckte Jungfrauen vom Stamme Davids«. Und die Diener gingen fort und suchten, und sie fanden sieben [solche] Jungfrauen. Und der Priester erinnerte sich an das Mädchen Maria, daß sie aus dem Stamme Davids und unbefleckt vor Gott war. Und die Diener gingen hin und holten sie. Dann führten sie sie in den Tempel des Herrn, und der Priester sprach: »Werft mir das Los, wer das Gold, den Amiant, die Baumwolle, die

Seide, das Hyazinthenblau, den Scharlach und den echten Purpur verweben soll«. Und auf Maria fiel das Los »echter Purpur« und »Scharlach«. Und sie nahm es und verfertigte es in ihrem Haus. Zu jener Zeit wurde Zacharias stumm, und Samuel trat so lange an seine Stelle, bis Zacharias wieder zu sprechen vermochte. Maria aber nahm den Scharlach und spann.

Und sie nahm den Krug und ging hinaus um Wasser zu schöpfen, und siehe, eine Stimme sprach: »Sei gegrüßt, du Begnadigte unter den Weibern«. Und sie schaute sich nach rechts und links um, woher diese Stimme komme. Und sie erbebte, ging in ihr Haus, stellte den Krug ab, nahm den Purpur, setzte sich damit auf ihren Stuhl und spann ihn aus. Und siehe, ein Engel des Herrn stand plötzlich vor ihr und sprach: »Fürchte dich nicht, Maria; denn du hast Gnade gefunden vor dem Allmächtigen und wirst aus seinem Wort empfangen«. Als sie das hörte, zweifelte sie bei sich selbst und sprach: »Ich sollte empfangen vom Herrn, dem lebendigen Gott, und gebären, wie jedes Weib gebiert?« Und der Engel des Herrn sprach: »Nicht so Maria; denn Kraft des Herrn wird dich überschatten; darum wird auch das, was aus dir geboren wird, heilig, Sohn des Höchsten, genannt werden. Und du sollst seinen Namen Jesus [Hilfe] Rettung, Gott hilft heißen; denn er wird sein Volk von seinen Sünden retten!« Und Maria sprach: »Siehe, ich bin die Magd des Herrn vor ihm; mir geschehe nach seinem Wort!«

Und sie machte den Purpur und den Scharlach fertig und brachte sie zum Priester. Und der Priester nahm sie, segnete Maria und sprach: »Maria, Gott, der Herr, hat deinen Namen groß gemacht, und du wirst gesegnet sein unter allen Geschlechtern der Erde«. Freude ergriff nun Maria, und sie begab sich zu Elisabeth, ihrer Verwandten, und klopfte an die Tür.

Im Lukas-Evangelium wird die unbegreifliche Ankündigung des Engels mit Marias erschrockener Gegenfrage »Wie soll das geschehen, weiß ich doch von keinem Manne?« beantwortet. Marias nüchterne Fragen und Überlegungen soll uns Zeichen sein, daß der Mensch seinem Schicksal nicht blindlings ausgeliefert ist, sondern daß es ihm anheimgegeben ist, sein Schicksal zu befragen, zu bejahen, oder es zu verneinen. Maria nimmt ihr rätselvolles Schicksal mutig auf.

Lassen wir uns für einen Augenblick auf die Stimmung dieser Ikone ein; wir fühlen dann die Spannung, die im Bilde liegt. Etwas Vibrierendes, Aufmerksamkeit Heischendes rührt uns an. Wir spüren mit Maria ihr Erstaunen und Erschrecken ob des unerwarteten Engeleinbruchs. Gleichsam elektrische Schwingungen wirken zwischen den zwei Gestalten, für das Auge sichtbar in den zeichenhaften Linien des mittleren Hintergrundes. Auch die beiden bizarren Gebäude tragen bei zur Unruhe des Bildes. Zwei Mächte, zwei Welten begegnen sich.

Wir sehen Maria im Hause sitzen, mit Spinnen beschäftigt, soll sie doch den »echten Purpur« und »Scharlach« für den Tempelvorhang spinnen. In ihren Händen hält sie die rote Seide. »Purpur« ist die königliche, heilige Farbe. Zu dieser Bedeutung kam sie, weil sie nur in geringen Mengen und unter Mühen hergestellt werden konnte. Purpur stammt von der Purpur-Schnecke, die auf dem Meeresgrund zu finden ist. So war Purpur, von alters her, stets eine köstliche und symbolische Farbe.

Der zu webende Tempelvorhang soll ein Abbild des Kosmos gewesen sein, wie es der zeitgenössische Bericht des Flavius Josephus beschreibt. Flavius Josephus war ein jüdischer Historiker.

Auf keiner Verkündigungs-Ikone darf die rote Spindel Mariens fehlen. Sie ist ein bedeutungsschweres Symbol. Ganz real wird beim Spinnen das unverarbeitete Rohmaterial durch Drehen der Spindel zu Garn zusammengezwirnt. Symbolisch betrachtet wird im Spinnen Ungestaltetem Gestalt gegeben, Unzusammenhängendes wird in Verbindung gebracht, Loses wird zu Festem, Einzelnes findet sich zu Kombiniertem zusammen: aus Unbewußtem wird Bewußtes. So gelten die Spindel und der Vorgang des Spinnens als Bild und Ausdruck des weiblichen Denkens, Sinnens und Formens, dem Eros- Prinzip folgend, das in sich immer die Strebung nach Vereinigung von Gegensätzlichem enthält. Das Spinnen ist ein eminent schöpferischer Prozeß. Es liegt nahe, daß die Spindel zum Attribut der Schicksalsgöttinnen wurde, die den Lebensfaden spinnen, ihn aber auch zerreißen können. Auch ist die Spindel als Bild des sich ewig drehenden und erneuernden Kosmos zu verstehen. Im Spinnen und Weben ahnte man die bildende und formende Tätigkeit der Naturkräfte.

Es sollen auch die griechischen Philosophen beim Zusammenknüpfen ihrer Gedankenstränge ihre Spindeln gedreht haben. Im »Spinnen« geschieht ein Bewußtwerdungsprozeß. Es bildet sich in uns der »rote Faden«, der geistige Faden, der »Lebensfaden«.

Frühe Auffassungen sahen die Natur, die Welt überhaupt, als »schönes Gewebe Gottes«[2] an.

Durch die Darstellung Marias beim Spinnen wird sie in spezifischer Weise gekennzeichnet. Sie vermag das einstweilen noch Getrennte zu vereinen, sie wird »Unversöhnliches versöhnen«, wie es im Akathistos-Hymnus heißt: Sie wird in sich gar Himmel und Erde verbinden. In ihr sei der »Gottheit ein Kleid gewebt«. Wird Maria, durch ihr Tun nicht eigentlich »Mitwirkerin am schönen Gewebe Gottes«[3] und Mitgestaltende am großen Werk der fortschreitenden Schöpfung?

Wie Maria, obliegt es auch uns Alltagsmenschen, im Laufe unserer Entwicklung Zusammenhänge zu sehen oder herzustellen. Der orthodoxe Ausdruck »schaffend, sich selbst erschaffen« weist darauf hin, daß wir, wieder wie Maria, an unserem Schicksal mitaufbauen, »mitweben« und mitwirken sollen – im Sinne des Schriftwortes (Philipper 2,12): »Wirke [schaffe] dein Heil in Furcht und Zittern«. Wie Maria in ihrem Hause sitzt und wirkt, so sollten auch wir bei uns selber bleiben und konsequent an unserem eigenen, inneren Faden spinnen, d.h. unter anderem, unseren Ich- Aufbau vorantreiben, unsere Bewußtwerdung fördern. Um Erkenntnis soll der Mensch ringen, jeder nach seinem Maß. Dies ist ein zutiefst orthodoxes Anliegen, welches von den frühen Kirchenvätern stammt. Ich zitiere einige ihrer Grundsätze:

> *»Erkenne dich selbst, dann erkennst du Gott.«*
> *»Niemand kann Gott erkennen, er erkenne denn zuvor sich selbst.«*
> *»Selbsterkenntnis ist der erste Schritt zur Gotteserkenntnis.«*
> *»Erringe du dein Heil und viele Menschen um dich herum*
> *werden ihr Heil finden.«*

Aus diesen Sätzen geht für mich klar hervor, daß im Ringen um Selbsterkenntnis nicht ein egoistisches Kreisen um sich selbst geschieht, sondern daß damit das verantwortungsbewußte Erkennen und Ausformen der eigenen Möglichkeiten gemeint sei. Selbstverständlich gehört das Erkennen der eigenen Schattenseiten zu dieser Bemühung. Letztlich soll ja der Mensch das in ihm angelegte Ebenbild Gottes verwirklichen, das Göttliche und Ganzheitliche in sich selber erkennen (vgl. auch Genesis 1,27).

Mitten in das fleißige Spinnen Marias bricht nun der Erzengel Gabriel ein, im »Sturmesschritt«, im »unvollendeten Lauf« und teilt Maria ihre Bestimmung mit: Ein göttliches Kind werde sie gebären.

Der Name »Gabriel« bedeutet »Kraft Gottes«, oder »Vertrauter Gottes«. In seiner Gestalt bricht das Überirdische und Unerklärliche in die Alltagswelt eines Menschen oder in das subjektive Bewußtsein eines einzelnen ein. Der »unvollendete Lauf« oder Schritt deutet an, daß die Botschaft nur die eine Hälfte des Werkes ist und daß die andere Hälfte vom Menschen gehört und verwirklicht werden muß.

Sollte uns der Begriff »Engel« fremd geworden sein, so kann es anfänglich helfen, sich unter ihm eine plötzliche Intuition und Inspiration vorzustellen. Vielleicht erleben wir den »Engel« als treibende Kraft in uns, vielleicht als behütenden Geist um uns. Ganz leise und eigentlich allen erfahrbar, klingt der »Engel« noch an im Erlebnis der »Beschwingung«, der »Beflügelung«.

Die orthodoxe Theologie hat die Figur des Engels nie verniedlicht, wie wir sie etwa in der westlichen Kunst als munter flatternde Engelein kennen. In orthodoxer Sicht sind Engel »schauervoll erhabene Wesen«, deren Anruf zu gehorchen ist, da er immer Schicksal bedeutet. Ganz parallel dazu formuliert C.G. Jung aus seiner Erfahrung als Arzt: »Die Begegnung mit dem Engel hat dämonische Qualität. Als Grenzerlebnis ist es ein Erlebnis auf Gedeih und Verderb. Entweder findet ein Mensch zu seinem geistigen Schicksal oder er zerbricht daran.«

Zurecht ist auch Maria tief erschrocken über die Botschaft des Engels. Wir sehen ihren Schrecken an der abwehrenden Geste ihrer Hand und ihrer zurückweichenden Haltung. Wie es heißt, befürchtet sie, es könnte ihr gehen wie einst Eva im Paradies, als sie auf die Schlange hörte. Man spürt hier die ambivalente Auffassung in bezug auf den Engel.

Darum Vorsicht! Auch unsere, innere Stimme ist nicht immer die des Engels, sie kann auch die Stimme des Verwirrers sein. So fragt auch Maria zweifelnd zurück: »Ich sollte empfangen vom lebendigen Gott und gebären, wie jedes Weib gebiert?« Der Engel gibt ihr zu verstehen, daß es sich um eine Geburt anderer Art handeln werde, um eine heilige Geburt oder die Geburt des Heilen, Heilenden und Heiligen.

Nach einigem Zögern willigt Maria ein: »Siehe, ich bin die dem Herrn verbundene Magd (engl.: bond-maid = die »leib-eigene«), mir geschehe nach deinem Wort«. Wie der Text weiter meldet, »machte sie den Purpur fertig, brachte ihn zum Priester und der Priester segnete Maria«.

Es ist wichtig, nach einem aufwühlenden oder ekstatischen Erlebnis wieder zurückzukehren zur täglichen Arbeit und sich einzuordnen in das Alltagsleben. Maria bleibt, trotz ihrer Auserwählung, fragend, überlegend, nüchtern. Wie nötig dies ist, zeigt uns ein weiteres Bilddetail: Die rote Spindel fällt Maria aus der Hand. Der »Rote Faden« könnte reißen oder doch in arge Verwirrung kommen. Der Sinnzusammenhang, die innere Kontinuität sind durch den Engel-Einbruch gefährdet, und die Vernunft ist in Frage gestellt. »Es ist eine Beleidigung für den Verstand«, so umschrieb C.G. Jung solche Erlebnisse. Menschen, die einen vergleichbaren Einbruch in ihr Alltagsgefüge erleben, sei es durch eine Vision, einen Traum, eine Erfahrung, werden bezeugen, daß sie an ihrer Vernunft gezweifelt haben – wie auch Maria, die »bei sich zweifelte«. Nur wer in sich einigermaßen gefestigt ist und ein genügendes Ich-Bewußtsein entwickelt hat, wird nicht weggetragen von solchen Grenzerlebnissen. Es sei erinnert an die Jesaja-Prophezeiung (7,14): »... siehe, die *Herangereifte* wird einen Sohn gebären...« Worin das Heranreifen besteht, habe ich anhand der Ikone »Mariä Einführung in den Tempel« dargelegt.

Auf dieser Verkündigungs-Ikone bekundet Gott sein Wohlgefallen, indem er sich oben – symbolhaft – als dunkle Kugel zeigt. Sein Licht wird schwarz dargestellt, weil Gott, obwohl Licht, auf immer unerklärliches, dunkles Geheimnis bleibt. Die Kugel gilt als Gottessymbol wegen ihrer vollkommenen Rundung; sie ist ein Bild der Ganzheit, der Einheit. Eine Kugel hat stets die Tendenz zu rollen und wird so auch zum Bild der steten Bewegung und immerwährenden Lebendigkeit (vgl. Lukas 20,38: »Gott aber ist nicht ein Gott von Toten, sondern von Lebendigen...«). Gott bringt die Dinge ins »Rollen«.

Die Gottesmutter wird in der Orthodoxen Kirche »Gottesgebärerin«, Theotokos genannt (von griechisch »tiktein« = erzeugen, hervorbringen). Mit diesem Namen wird sie in unzähligen Hymnen gepriesen. Damit ist auch ein besonderer Akzent verbunden. Eine Mutter hat ihr Kind schon, eine Gebärerin ist stets am Werk. Mit anderen Worten, Maria bekommt durch die Bezeichnung »Gebärerin« einen dynamischen Aspekt, sie wird zur Hervorbringerin und Mitschöpferin – für ein Urbild des Weiblichen bemerkenswert. (Eine Muttergottheit der alten Slaven wurde mit »Knospenschwellerin« oder »Blütenhervortreibende« bezeichnet.)

Mit ihrem zusätzlichen orthodoxen Namen »Mutter feuchte Erde« wird Maria deutlich erd-naher gesehen, als im westlichen Marienbild, das die Tendenz hat, sie entweder als etwas blasse, dienende Magd zu zeichnen, oder als »Himmelskönigin« in überirdische Sphären zu entrücken und sie zu »verhimmeln«. So viel ich sehe, spielt das Geburtliche, die Inkarnation, in der Ostkirche eine deutlichere Rolle als bei uns. Gott will sich in allem inkarnieren, wurde ich belehrt, nicht nur im Menschen, sondern auch im Stoff, in der Ikone, ja, selbst im Pinsel des Ikonenmalers, in der ganzen Schöpfung. Was aber heißt dies anderes, als daß Er überall und stets von neuem geboren werden will? Geburt geschieht nicht ohne Gebärende, handle es sich um eine ganz gewöhnliche Menschengeburt, handle es sich um eine Gottesgeburt, wie die hier angekündigte.

Übersetzt, verstehe ich das so, daß es der Frau obliegt, überall dort präsent zu sein, wo die Idee sich in Verwirklichung umsetzt, wo Intuition sichtbare oder spürbare Gestalt annehmen soll, kurz, wo Neues und Wesentliches geboren werden will. Aufgrund dieser Überlegungen ist es verständlich, daß das Gewand der Gottesgebärerin erdfarben sein muß, daß diese Farbe durchwirkt von heiligem oder geistigem Purpur ist. Geist und Materie finden sich im Weiblichen, Himmel und Erde verbinden sich in der Gottesgebärerin.

Sind wir Frauen uns bewußt, welche Würde uns verliehen ist, auch wenn wir auf ganz bescheidener Alltagsebene unseres Amtes walten?

Wie auch bei der Ikone »Gottesmutter des Zeichens« (vgl. S. 46) bezeichnen die drei Sterne auf Haupt und Schultern der Gottesgebärerin deren »immerwährende Jungfräulichkeit, vor, während und nach der Geburt«. Sie befindet sich also in einem bestimmten Ausnahmezustand; eine Andeutung, daß ein Mensch, in welchem das innere Gottesbild erwacht, eine Zeitspanne lang anderen Gesetzen folgen muß. Er ist, in gewissem Sinne, unberührbar. Sein Wesenskern ist getroffen, er verdient Schonzeit, wie Maria nach der Geburt Wochen der Reinigung zugebilligt werden.

Seien wir eingedenk, daß des Engels Anruf den Menschen seltsame Wege führen kann, die Unbeteiligten unverständlich bleiben.

Die bizarren Häuser der Ikone scheinen anzudeuten, daß dieses innere Erlebnis sich vor irrationalem Hintergrund abspielt – außerhalb von Raum und Zeit – und nicht dem nüchternen Verstand folgt. Der Maler malt seine Häuser mehr oder weniger frei, bildet doch seine eigene Seele den Hintergrund zum Geschehen.

Offiziell gilt der linke, etwas düstere Turm als Symbol der alten, jetzt unfruchtbaren Kirche, d.h. des alten Testamentes; der lichtere Turm rechts soll Zeichen des neuen Testamentes, der nun fruchtbaren Kirche sein: eine wenig befriedigende Deutung.

Das bauschige, kupferrosafarbene Gewand des Engels zeigt an, daß er von messianischem Geist erfüllt ist. Kupferrosa gilt als Farbe des Messias. Johannes Itten bezeichnet Rosa als einsame Farbe.[4] Er empfindet Rosa als Sinnbild des Wiederscheins der göttlichen Liebe. Rosa hat nicht die Dynamik und Körperlichkeit des Rot, ist aber aus diesem abgeleitet, sozusagen ein ätherisches Rot.

Die Handgeste des Engels ist die antike Rednergeste. Er verkündet soeben seine Botschaft. Die Finger seiner Hand sind aufgeteilt in zwei und drei. Die zwei sich vereinenden Finger symbolisieren die zwei Naturen des Kommenden: »Wahrer Mensch und wahrer Gott«, ganz Mensch und ganz Gott. Die drei freien Finger sind Zeichen der Heiligen Dreifaltigkeit. Schon in der Hand spiegelt sich eine umfassende Theologie und ein großes Schicksal.

Der kaum sichtbare Stab des Engels ist ein Heroldstab; ich erlaube mir, ihn auch als Bild des befruchtenden und verwandelnden Zauberstabes zu verstehen. Man dachte sich ursprünglich den Stab als vom Holze des Lebensbaumes stammend und deshalb in besonderem Maße geeignet, Leben und Wandlung zu bewirken. Tatsächlich wird Maria, wie jede andere Mutter, durch das neue und unerklärliche Leben in ihr gewandelt.

Das rote Gewebe, den roten Schleier oben im Bild, verstehe ich als Bild der Überschattung, (»... die Kraft Gottes wird dich überschatten...«); ich sehe in ihm aber auch eine Veranschaulichung der Beziehung zwischen Gott und Mensch, zwischen Himmel und Erde. Ich erinnere an den Anfang der Bibel, wo es gleich im zweiten Vers heißt: »... und der Geist Gottes schwebte über den Wassern«. Das hier verwendete Wort »schweben« geht auf ein urtümliches Verb zurück, welches zugleich »weben« und »brüten« heißt. Dahinter verbergen sich alte Schöpfungsvorstellungen; so z.B. Gottes Geist habe die Welt in einem Hin-und-Hergang ausgebrütet und gleichzeitig – wie im Weben – ein Gewebe zwischen Himmel und Erde hergestellt. Ein Band der Liebe, könnte man es nennen.

Vielleicht ist dieser schöpferische Vorgang eher zu verstehen, wenn wir uns erinnern, wie oft wir selber einen Gedanken, einen Entschluß, ein Projekt hin und her überlegen, hin und her wälzen, bis alle Teile sich zusammenfinden, wir sie ineinander verweben können, und das Werk Gestalt annimmt.

Das »Brüten« kann auch der Inkubationsphase verglichen werden, die ein Künstler durchlebt, bevor er sein Kunstwerk ausformen kann. Jedes Kunstwerk ist eine kleine Schöpfung.

Das kleine weiße Tuch, das sich wehmütig über den roten Schleier legt, ist das Byssos-Linnen, Symbol der leidenden Menschheit. Der weiße Flachs, die Flachspflanze ist bei den Völkern Ost-Europas Bild des Leidens- und Lebensweges des Menschen. So wie der Flachs vielen Prozeduren unterliegt, wie »brechen, rösten, wässern, schwingen, hecheln« usw., so muß auch der Mensch durch Prüfungen aller Art bevor er sich selber findet, ganz Mensch, ein ganzer Mensch wird.

Wir suchen eine Antwort auf die Frage, wann oder in welcher Weise sich das Geschehen der Verkündigungs-Ikone in unserem eigenen Leben abspielt: »Vor Allen und für Alle«. Wir selber werden nie ein göttliches Kind gebären, aber vielleicht eines, das für die einzelnen, subjektiv empfunden, diesen Stellenwert erhält.

Als vergleichbares Erlebnis steht diesem Geschehen wohl die ganz reale Schwangerschaft und Geburt am nächsten. Ist sie nicht immer wieder ein Wunder? Im Erleben mancher Frauen grenzt die Wucht des Geburtsvorganges an religiöse Dimensionen.

Oder: Nicht wenige Menschen kennen das Ergriffen- und Erfülltsein von einem inneren Auftrag. Mit der Vernunft allein läßt sich das Unbedingte ihres inneren Müssens nicht erklären. Etwas in ihnen drängt nach Verwirklichung. Wir alle erfahren, wie ein Wort, ein Bild, ein Buch, ein Gedanke, eine Begegnung uns nicht mehr los lassen, ja, uns zwingen, diesem Eindruck, dieser Faszination nachzugehen, oft wider alle Vernunft. Wie ein Same keimt und reift ein solcher Ein-Fall in unserer Seele. Eines Tages nimmt er Gestalt an und tritt als Tat, Werk, Aufgabe oder Verpflichtung ans Tageslicht, wie das Kind aus der Mutter. Wir wissen nicht, weshalb ein solcher Same in uns reift. Er beginnt meist mit einem kleinen, unscheinbaren Anstoß, wie die Perle in der Muschel durch das irritierende Sandkorn zu wachsen anfängt. Es ist der leise »Engelsspruch«, den es zu vernehmen gilt, hat er doch stets mit dem Sinn unseres je eigenen Lebens zu tun.

Auch für Maria beginnt bei der Verkündigung ihre Lebensaufgabe und der Sinn ihres Lebens.

Um die Gestalt des inneren, geistigen »Kindes« möchte ich einige biblische Textstellen gruppieren:

Galater 4,19:	»... bis daß Christus in euch Gestalt gewinnt...«
Galater 2,20:	»... so lebe nun nicht mehr ich, sondern Christus lebt in mir...«
1. Korinther 6,19:	»... daß euer Leib ein Tempel des Heiligen Geistes ist, der in euch wohnt und den ihr von Gott habt...«

1. Petrus 3,4 spricht vom *»verborgenen Menschen des Herzens«, oder vom »Menschen, hinter dem Menschen«.*

Alle diese und ähnliche Formulierungen stammen aus der Erfahrung, daß der Mensch in sich einen wesentlichen Kern wahrnehmen kann, der seinem vordergründigen Sein erst Tiefe und Sinn verleiht. Hier ist wiederum daran zu erinnern, daß C.G. Jung in Jesus Christus das Symbol des Archetypos des Selbst sah.

Das Selbst macht sich in unseren Träumen unter anderem im Bilde des Kindes bemerkbar. Man erfährt das Selbst als Leben und Lebendigkeit spendende Kraft in sich. Diese wirkt helfend und heilend. Der Vorstoß zu dieser inneren Quelle ist immer ein erschütterndes und tief religiöses Erlebnis. Diese Quelle treibt uns mit Macht und führt uns wie ein Kompaß zu unserer bestmöglichen Entfaltung. Ich vermute, daß die orthodoxe Theologie dem Selbst Vergleichbares meint, wenn sie vom inneren Spiegel spricht, der das Gottesbild widerspiegeln soll und kann.

Der orthodoxe Gelehrte P. Evdokimov schreibt zu der Verkündigungs-Ikone: »Die Verkündigungs-Ikone stellt den Menschen dar, erzitternd in der Überwältigung durch sein eigenes Mysterium in der atemlosen Spannung des Augenblickes seines Hereinbrechens.«[5]

Das ostkirchliche Kontakion zum Fest der Verkündigung:

Unter Herabkunft des Heiligen Geistes hast Du den, der mit dem Vater herrscht und mit ihm eines Wesens ist, auf das Wort des Erzengels hin empfangen, Mutter Gottes, Heimholung Adams.

Wie aus Fäden, in Meer-Purpur getaucht, o Reine, ward das geistige Purpurgewand des Immanuel drinnen in Deinem Schoß gewebt. Drum verehren wir Dich als Gottesmutter in Wahrheit.[6]

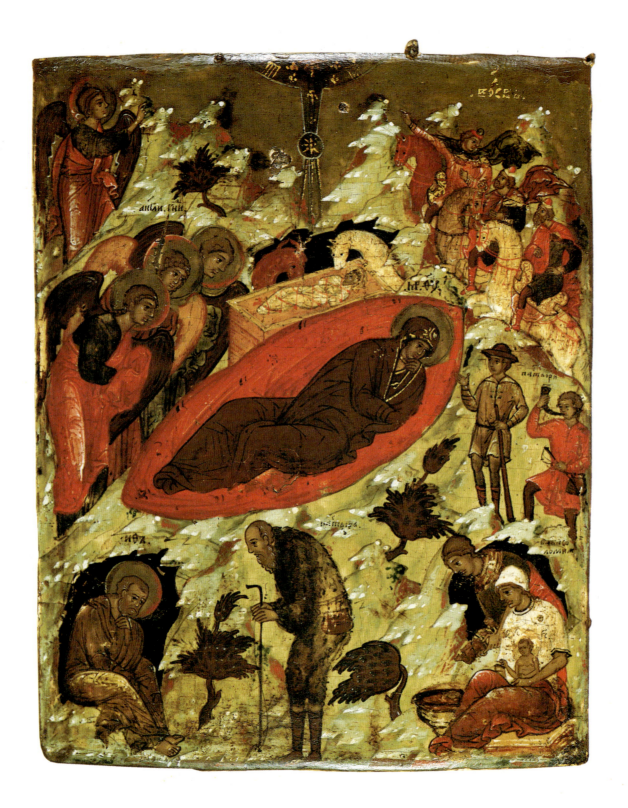

Geburt Christi

EINE AHNUNG NIMMT GESTALT AN

Die Ikone der Geburt Jesu Christi folgt der sogenannten Weihnachtsgeschichte, wie sie im zweiten Kapitel des Lukas-Evangeliums und des Matthäus-Evangeliums sowie im apokryphen Jakobus-Evangelium erzählt wird. Das Weihnachtsfest ist schon früh bezeugt; es löste die alten Sonnwend- und die späteren Epiphaniefeiern ab.

Ich zitiere den entsprechenden Textabschnitt (Kap. 17,1-20,2) des Prot-Evangeliums[1], weil dieses Einzelheiten enthält, die wir bei den anderen Erzählern nicht finden:

Es wurde aber vom König Augustus ein Befehl ausgegeben, alle Einwohner Bethlehems in Judäa sollten sich aufschreiben lassen. Und Joseph sprach: »Ich werde meine Söhne aufschreiben lassen, – was aber soll ich mit diesem Mädchen machen? Wie soll ich sie aufschreiben lassen? Als meine Frau? Da schäme ich mich. Oder als Tochter? Aber es wissen ja alle Söhne Israels, daß sie nicht meine Tochter ist. Der Tag des Herrn selbst wird es machen, wie der Herr es will.« Und er sattelte seinen Esel und setzte sie darauf, sein Sohn zog und Samuel folgte. Und sie näherten sich auf drei Meilen. Da wandte Joseph sich um und sah sie traurig und sprach bei sich selbst: »Vielleicht bedrängt sie das, was in ihr ist.« Und wieder wandte Joseph sich um und sah sie lachen. Und er sprach zu ihr: »Maria, was ist das mit Dir, daß ich Dein Angesicht bald lachend, bald traurig sehe?« Und sie sprach zu ihm: »Joseph, ich sehe zwei Völker mit meinen Augen, ein weinendes und ein klagendes und ein fröhliches und jauchzendes.« Und sie kamen halbwegs, und Maria sprach zu ihm: »Joseph hebe mich vom Esel herab, denn Das in mir bedrängt mich und will herauskommen.« Und er hob sie dort herunter und sprach zu ihr: »Wo soll ich dich hinbringen und deine Unziemlichkeit in Schutz bringen? Denn der Ort ist einsam.«

Und er fand dort eine Höhle und führte sie hinein und ließ seine Söhne bei ihr stehen und ging hinaus, um eine hebräische Hebamme in der Gegend von Bethlehem zu suchen. Ich aber, Joseph, ging umher und ging doch nicht umher. Und ich blickte hinauf zum Himmelsgewölbe, und ich sah es stillestehen, und ich blickte hinauf in die Luft und sah die Luft erstarrt und die Vögel des Himmels unbeweglich bleiben. Und ich blickte auf die Erde, und ich sah eine Schüssel stehen und Arbeiter darum gelagert, und ihre Hände in der Schüssel. Aber die Kauenden kauten nicht, und die etwas aufhoben, hoben nichts auf, und die etwas zum Munde führten, führten nichts zum Munde, sondern alle hatten das Angesicht nach oben gerichtet. Und siehe, Schafe wurden umhergetrieben und kamen doch nicht vorwärts, sondern standen still; und der Hirte erhob die Hand, sie (mit dem Stecken) zu schlagen, aber seine Hand blieb oben stehen. Und ich blickte auf den Lauf des Flusses, und ich sah die Mäuler der Böcke darüberliegen und nicht trinken. Dann aber ging alles auf einmal wieder seinen Lauf.

Und siehe, eine Frau stieg vom Berge herab und sprach zu mir: »Mann, wohin gehst du?« Und ich sprach: »Ich suche eine hebräische Hebamme.« Und sie antwortete mir: »Bist du aus Israel?« Und ich sprach zu ihr: »Ja«. Sie aber sprach: »Wer ist die, die in der Höhle gebiert?« Und ich sprach: »Meine Verlobte.« Und sie sprach zu mir: »Sie ist nicht deine Frau?« Und ich sprach zu ihr: »Es ist Maria, die im Tempel des Herrn aufgezogen wurde und ich bekam sie durchs Los zur Frau. Und doch ist sie nicht meine Frau; sondern ihre Empfängnis ist aus dem heiligen Geist.« Und die Hebamme sprach zu ihm: »Ist das wahr?« Und Joseph sprach zu ihr: »Komm und sieh!«

Und die Hebamme ging mit ihm. Und sie traten an den Ort der Höhle, und siehe, eine finstere (lichte) Wolke überschattete die Höhle. Und die Hebamme sprach: »Erhoben ist heute meine Seele, denn meine Augen haben Wunderbares gesehen; denn Israel ist das Heil geboren.« Und sogleich verschwand die Wolke aus der Höhle, und ein großes Licht erschien in der Höhle, so daß die Augen es nicht ertragen konnten. Kurz darauf zog sich jenes Licht zurück, bis das Kind erschien, und es kam und nahm die Brust von seiner Mutter Maria. Und die Hebamme schrie auf und sprach: »Was für ein großer Tag ist das heute für mich, daß ich dies nie dagewesene Schauspiel gesehen habe.« Und die Hebamme kam aus der Höhle heraus, und es begegnete ihr Salome. Und sie sprach zu ihr: »Salome, Salome, ich habe dir ein nie dagewesenes Schauspiel zu erzählen: eine Jungfrau hat geboren, was doch die Natur nicht zuläßt.« Und Salome sprach: »So wahr der Herr mein Gott lebt, wenn ich nicht meinen Finger hinlege und ihren Zustand untersuche, so werde ich nicht glauben, daß eine Jungfrau geboren hat.«

Und die Hebamme ging hinein und sprach: »Maria, lege dich bereit, denn ein nicht geringer Streit besteht um dich.« Und als Maria dies hörte, legte sie sich bereit und Salome legte ihren Finger hin zur Untersuchung ihres Zustandes. Und sie erhob ein Wehgeschrei und sprach: »Wehe über meinen Frevel und meinen Unglauben; denn ich habe den lebendigen Gott versucht; und siehe, meine Hand fällt vom Feuer verzehrt von mir ab.« Und sie betete zum Herrn.

Da ich mich bei den in diesem Buch versammelten Bildern vor allem mit der Gestalt der Gottesgebärerin befasse, möchte ich doch erwähnen, daß die Kirche bis zum Ende des 4. Jahrhunderts kein eigenes Marienfest kennt. Einer der ersten, der Maria preist und ihre Beteiligung am Heilswerk des Herrn formuliert, ist Ephraim der Syrer († 373). Ich zitiere aus seiner Epiphanie-Predigt[2]:

Heute ward uns Maria zum Himmel, der Gott trug; denn in sie ließ sich die allerhöchste Gottheit herab und wohnte in ihr. In ihr ward die Gottheit klein, um uns groß zu machen, da sie, die Gottheit ihrer Natur nach, nicht klein ist. In Maria webte sie uns ein Kleid (der Gnade und des Heils...); aus ihr ging das Licht auf und verscheuchte die Finsternis des Heidentums...«

Im Epiphaniefest und Weihnachtsfest wird Maria schließlich mitgefeiert. Eine weitere Gedächtnisfeier der Gottesmutter findet am 26. Dezember statt. Sie heißt »Mitfeier der Gottesgebärerin« (L. Heiser). »Der Titel Theotokos wird schon vor dem Konzil von Ephesus (431) gebraucht, theologisch aber erst definiert und festgehalten, als sich Widerspruch meldete. (Dies anläßlich der Diskussion über die zwei Naturen Jesu Christi)« (L. Heiser).

Origenes hält bereits im 3. Jahrhundert fest, daß Jesus Christus Mensch und Gott zugleich sei. Welch' kühne Idee!

Athanasius v. Alexandrien († 373) stellt die Lehre auf: »Gott wurde Mensch, damit der Mensch Gott wird.«[3] Gott vereinigt, indem er das Menschsein auf sich nimmt, die beiden Naturen und überbrückt und überwindet in seiner eigenen Person die trennende Kluft zwischen Göttlichem und Menschlichem. Die Vergöttlichung des Menschen bedeutet die Wiederherstellung der ursprünglichen Einheit und Ganzheitlichkeit.

In der Geburts-Ikone denken wir also über die Menschwerdung Gottes nach und übersehen dabei weder, daß an dieser Menschwerdung eine *Mutter* beteiligt war, noch daß dieses Ereignis mit dem Beginn des Lebensweges eines *Menschen*, des Menschen Jesus, zusammenfällt.

Alle Belehrungen über die Menschwerdung und alle Umschreibungen der göttlichen Geburt wollen unserer Vernunft als schwer verständliche Paradoxien erscheinen; deshalb sinne ich erst dem ganz gewöhnlichen, menschlichen Geburtsgeschehen nach. Wer immer die Geburt eines Kindes erlebt, sei es als Gebärende, sei es als betroffener Mithelfer, der weiß, welch' bewegendes Ereignis dies ist. Kaum ein Erlebnis fordert Leib und Seele so umfassend wie eine Geburt. Wir werden überwältigt von den Schmerzen und erleben erschrocken die Gewalt, mit der das neue Leben aus uns herausdrängt; es ist wahrlich ein »Brechen des Mutterschoßes«[4], wie es im mosaischen Gesetz lautet. Dabei geht uns etwas auf von der Unentrinnbarkeit und der Unausweichlichkeit der elementaren Vorgänge unseres Daseins. Neben aller Freude über das neugeborene Kind befällt uns eine Ahnung von Todesnähe. Und wer wüßte nicht um Tränen der Entlastung, der Entspannung und der Erschöpfung nach der Geburt? Aber auch die Freude ist überwältigend; jede Geburt ist eigentlich ein Wunder. Ich zähle sie zu den Grenzerlebnissen.

Alles was ich hier vom menschlichen Geburtsgeschehen erwähne, findet sich auch auf unserer Ikone, aber auch weit mehr. Es ist wichtig, sich noch einmal in Erinnerung zu rufen, daß Ikonen archetypische Bilder sind. Das heißt, ihr Gehalt ist auf allen Stufen der Entwicklung erlebbar und kann auf allen Ebenen menschlicher Wahrnehmung gedeutet werden, von der elementarsten bis zur geistigsten

Stufe. Es hängt von der Erlebnisfähigkeit, der Entwicklung oder der Blickrichtung des einzelnen ab, auf welcher Stufe er innere Geschehen wahrnimmt; oder umgekehrt, wie er die archetypischen Muster des Bildes mit eigener Lebenserfahrung oder theologischem Wissen zu füllen vermag. Immer wieder ist zu betonen, daß Ikonen nicht die sichtbare, historische Welt darstellen, sondern uns Normen und Formen darbieten, in welche wir unser eigenes geistig-seelisches Erleben einordnen können. Mit anderen Worten: Diese Ikone spricht nicht nur von der Geburt Christi, sondern auch vom Werden des inneren Gottesbildes in der eigenen Seele; dieses Werden ist immer von neuen Lebensimpulsen begleitet.

Diese russische Ikone stammt aus dem 16. Jahrhundert. Wie wir sehen, zeigt uns die Ostkirche ein ungleich dramatischeres Geburtsbild als die relativ idyllischen Darstellungen der westlichen Sakralkunst. Hier ist nichts von der zärtlich-rührenden Hinwendung zum Kinde zu sehen und wenig von der warmen Geborgenheit in Krippe und Stall. Der Heiligkeit und dem Ernst des Geschehens ist in anderer Weise Rechnung getragen.

Farblich sind Geburtsikonen sehr verschieden. Die unsere fällt durch ihren kräftigen Rot-Grün Kontrast auf. Rot und Grün sind Komplementärfarben und steigern sich in ihre je spezifische Eigenart, wie ich das schon bei der ersten Ikone darlegte. Rot und Grün kann man als Vitalfarben bezeichnen; sie verleihen diesem Bild Lebensspannung. Grün ist dem Wachsen und Werden zugeordnet, Rot dem Blut, der Liebe und der Passion, um nur einige Bedeutungen zu nennen.

Im Zentrum des Bildes liegt auf einer Matte, wie sie die wandernden Israeliten mit sich trugen, die Gottesgebärerin. Die Form dieser roten Matte oder Hülle erinnert deutlich an die Geburt selber. Hinter der Mutter, ganz unscheinbar, ruht das gewickelte, göttliche Kind auf einem Opferaltar. Es ist von Ochs und Esel bewacht und warm beatmet. Die Mutter wacht sinnend und vom Kinde abgewendet, ganz eingehüllt in ihrem dunklen Mantel. Hat sie ihn als Schutz nötig? Drückt er das Nachsinnen nach der Geburt aus, das junge Mütter kennen? Braune Töne stehen für das Bedürfnis nach Geborgenheit. Maria ist noch ungeboren; noch ist sie im Durchgang und mit der Fremdartigkeit der göttlichen Geburt unvertraut. Fragen drängen sich ihr über das Schicksal des Kindes auf, über ihr eigenes Schicksal. Sie ist müde von der Geburt, wie die orthodoxe Theologie betont. Müde ist sie, weil sie gebären muß, wie jede andere Frau. Auch aus diesem Grunde wird sie liegend dargestellt. Ihr Geburtslager erinnert an die mandelförmige Mandorla. Die Mandorla symbolisiert stets Durchgänge; ihre Form und Symbolik stammt ursprünglich von der weiblichen Geburtsöffnung. Wir finden Mandorlen über Kirchenpforten, wo sie den Eingang in den Schoß der Mutter Kirche bedeuten.

Was in einer Mandorla dargestellt wird, ist stets Geheimnis, erlebbar zwar, aber nie erklärbar. Beispielsweise wird Christus bei seiner Höllenfahrt oder Auferstehung in einer Mandorla dargestellt; so auch Maria bei der Geburt ihres Kindes, durch welche sie zu ihrem eigenen Wesen geboren wird.

Ich erwähne auch die häufige Assoziation von Schote und Frucht oder Samenhülle und Keim; vielen Betrachtern erscheint das Zentrum der Ikone so.

Die stark betonte Diagonale des Bildes, von unten links nach oben rechts erweckt den Eindruck eines progressiven Geschehens und verleiht dem Bild große Dynamik. Unwillkürlich erinnert man sich des Begriffes »Logos«, der nicht nur »Wort«, sondern auch Hervorgang und Entfaltung bedeutet. Aus der Geburt geht nicht nur das Kind hervor, sondern auch die Mutter, das Mütterliche.

In der orthodoxen Theologie hat die Inkarnation, die Menschwerdung Gottes eine zentrale Stellung. »Gott will sich in allem inkarnieren«, liest man immer wieder; er will immer und überall geboren werden. Diese Ikone belehrt uns dementsprechend über die Geburt im individuellen Menschen und über die Inkarnation als ewige Vorgabe.

Neben der deutlich im Vordergrund liegenden Gottesgebärerin wollen wir aber das göttliche Kind nicht vergessen: kaum wahrnehmbar im Hintergrund, einstweilen noch eingebunden in seine Wickeltücher und, auf diesem Bilde, zusätzlich umwickelt von einem roten Band. Ist es das Band der Liebe, das das Leben dieses Kindes durchflechten wird? Oder meint es den roten Lebensfaden, der jetzt aufgegriffen und abgewickelt werden muß? Wir wissen es nicht, aber wir sinnen darüber nach. Daß das göttliche Kind auf einem Opferaltar liegt, erwähnte ich schon. Mit dem Opferaltar ist auf das spätere Schicksal des Kindes hingewiesen.

Ochs und Esel, als treue Begleiter bei der Geburt, basieren auf der Textstelle Jesaja 1,3, nach der Ochs und Esel ihren Herrn kennen. Vielleicht haben sie aber ihren Ursprung auch bei den Geburtsgottheiten der alten Ägypter; dort gehörten Nilpferd und Bär zur Geburtsstube. Symbolisch ist dies vielleicht so zu deuten, daß bei schicksalhaften Übergängen immer auch unsere instinktiven Kräfte mitwirken müssen, ja, daß wir unter Umständen nur noch von diesen geleitet werden. Sie dürfen nicht fehlen bei einer so fundamentalen Lebenswende wie der Geburt, der leiblichen wie der geistig-seelischen. Die Geburt des wunderbaren Kindes ist ein innerstes Geschehen, finde sie in der Seelentiefe des einzelnen statt, oder geschehe sie der Erde selber, im Sinne einer grundlegenden Erneuerung.

Die Tiefe des Ereignisses ist auf den Geburts-Ikonen mit dem Symbol der Höhle dargestellt. Christi Geburt wird immer als Höhlengeburt verstanden, ungleich der Geburt Mariä, die als Geburt in der Stube bezeichnet und dargestellt wird. Nach orthodoxer Auffassung stellt sich die Erde selbst als Gebär-Mutter zur Verfügung. Ihr wird, in Gestalt des göttlichen Kindes ein neuer Lebenskeim geschenkt. Die Geburt Christi hat kosmische Ausmaße. Das Dunkel der Höhle mit dem Kind darinnen will ausdrücken, daß das »Licht in der Finsternis erscheint« – und gerade nicht anderswo, ist man versucht, ergänzend zu betonen.

Einen eigenartigen Platz hat, auf der Ikone, der Adoptivvater des Kindes, Joseph. Abgekapselt, traurig, des Zweifels voll sitzt er unten links im Bilde. Vor ihm steht eine umstrittene Figur. Manche Fachleute wollen in ihr den Propheten Jesaja sehen, der Joseph über die ungewöhnliche Geburt aufklärt; andere vermuten in dieser Gestalt den Versucher, der Joseph mit Zweifeln bedrängt. Die zweite Interpretation scheint mir die psychologisch wahrscheinlichere. Die Figur erscheint als ein in Felle gekleideter Hirte. In der Hand trägt er meist einen dürren, knorrigen Stock mit Widerhaken. Dieses zweideutige Attribut läßt mich an eine zwielichtige Gestalt der slavischen Volkserzählungen denken. Es ist der gefürchtete lahme Wolf; er schleicht sich in Gestalt eines fellbekleideten Hirten an seine Opfer heran, um diese als Versucher mit allerlei Vorspiegelungen, Unwahrheiten und Zweifeln zu verwirren und zu versuchen. Gelegentlich findet sich an seiner statt auf der Ikone ein schwarzer Ziegenbock: Für mich Indizien, daß tatsächlich die diabolische Versuchung gemeint ist. Gemäß apokryphen Überlieferungen spricht der Versucher zu Joseph: »Wie dieser dürre Stab keine Blätter sprießen lassen kann, so kann eine Jungfrau auch nicht gebären.« (Und doch schlug der Stab aus, wie der Kommentator bemerkt.)

Joseph befindet sich in der schwierigen Lage eines Menschen, der erfährt, daß ein Gestalt nehmender Archetyp (hier das göttliche Kind) immer zwei Seiten hat und gleichzeitig Helles wie Dunkles heraufbeschwört. In der diabolischen Figur ist uns eine Mahnung gegeben, daß bei Verstand überschreitenden Erlebnissen eine gesunde Skepsis angebracht ist. Joseph ist ein Zimmermann: Als innere Figur könnte er unseren nüchternen Verstand repräsentieren, der vorzugsweise auf zuverlässige Überlegungen baut, und nicht auf unberechenbare Geschehnisse und Versprechungen. Zweifel, so unangenehm sie auch sein mögen, helfen uns, Dämonisches von Wunderbarem zu unterscheiden. Der Heiligenschein Josephs ist rot angeglüht von der Geburtshülle Marias; über dieses Rote und alles, was es mit sich bringt, scheint Joseph nachzudenken.

In den heiligen Gesängen der Ostkirche wird dem Problem Josephs, dem ein eigener Festtag gewidmet ist, Rechnung getragen. Ich zitiere aus dem Akathistos:

> »*Da er das Gewoge verspürte*
> *widerstreitender Gedanken,*
> *wurde der besonnene Joseph verwirrt;*
> *schauend auf Dich, die Nichtberührte,*
> *machte Argwohn ihn schwankend –*
> *Du, ohne Tadel, habest, verborgen zwar,*
> *doch einem Manne gehört.*
> *Über die Empfängnis vom Heiligen Geiste aufgeklärt,*
> *rief er sodann: Alleluja!*«

Rechts unten im Bilde sehen wir die Hebamme des Kindes und Salome, deren Hand abdorrte, als sie das »Ungreifbare«, Unbegreifliche greifen wollte. Durch die Berührung mit dem Kind wurde sie wieder geheilt. Das Bad ist kelchförmig dargestellt; es symbolisiert das spätere Taufbad und den Leidenskelch. Neben der Gottesgebärerin stehen links drei Engel, über ihnen der Engel, welcher den Hirten die Frohbotschaft verkündigt. Rechts von Mutter und Kind kommen zwei Hirten, die ihnen Lieder singen und Flöten spielen.

Aus dem Hintergrund, rechts oben, reiten von weither die drei Magier zur Krippe. Die drei sind unterschiedlichen Alters, um zu bekunden, daß jeder zu seiner Zeit der Offenbarung teilhaftig wird, unabhängig von Alter und Erfahrung. Sie bringen dem Kind Gold, Weihrauch und Myrrhe.

Wofür stehen ihre Gaben? Gold gebühre dem König, heißt es. Die Weisen anerkennen im Kind den, der über ihnen steht. Gold steht symbolisch dem Sonnenlicht und der Unvergänglichkeit nahe. Gold bleibt sich selber durch alle Jahrhunderte gleich, es verändert sich nicht – ein ewiger, höchster Wert.

Weihrauch wurde schon immer den Göttern dargebracht, um sie dem Menschen geneigt zu stimmen. Er ist aber auch ein Wandlungs- und Opfersymbol. Wie das Weihrauchkorn sich im Feuer verbrennt und in gewandelter Form zum Himmel steigt, so wird der Menschensohn durch seine Selbsthingabe gewandelt und findet als Gottessohn zurück zum Vater. Uns allen ist im Bild des Weihrauchs gesagt, daß dem Menschen Wandlung möglich ist.

Myrrhe ist der wohlriechende, bitterschmeckende Saft eines speziellen Balsambaumes. Myrrhe wird nie für sich allein gebraucht, sondern immer als Beimischung zu anderen Ölen. Sie soll heilend wirken und vor Vergänglichkeit bewahren. Ihre Bedeutung teilt sie mit anderen wohlriechenden Salbölen. Salbung mit duftenden Substanzen meint immer Übermittlung von Lebenskraft, Lebenselixier und Lebendigkeit. Die Bitterkeit der Myrrhe besagt, daß jedem Leben ein Tropfen Wermut beigemischt ist, auch dem Leben des göttlichen Kindes, ja, gerade diesem. Seelische Lebendigkeit verlangt den Miteinbezug der Bitternisse unseres Schicksals. Das Gnadengeschenk, das wir unser inneres Kind nennen, bringt nicht nur Freude, sondern auch tiefe Schatten. Es scheint, als ob die drei Weisen mit ihren sinnträchtigen Gaben gleichsam das Leben und Schicksal des wunderbaren Kindes umschreiben wollten. Von Gold, Weihrauch und Myrrhe wird das Leben dieses Kindes geprägt sein.

Oben, in der Bildmitte ist das Symbol Gottes, die »Sphaira« (Kugel) zu sehen. Sie ist dunkel und nur teilweise sichtbar, so wie das Göttliche immer nur teilweise erlebbar ist. Aus der Kugel geht der dreistrahlige Stern hervor, der über dem Ort des Geschehens steht und mit seinen Strahlen den Schoß der Erde aufbricht.

Unsere Ikone ist grün gehalten. Sie läßt uns so recht nachempfinden, wie die ganze Erde aufgrünt, aufblüht durch das neue Licht, das in sie eingedrungen ist. Im altslavischen, religiösen Volksglauben lebte die Vorstellung, daß die aufgehende Sonne (sol), einem Götterjüngling gleich, mit ihren Strahlen die Erde schwängere und daß diese daraufhin ihre Kinder – Gräser, Blumen, Früchte – aus ihrem mütterlichen Schoß entlasse, gebäre. Unser Bild übermittelt einen Anklang an diese frühen Vorstellungen.

Noch etwas ist mir erwähnenswert: Wer sich in das Bild vertieft, spürt vielleicht, daß ihm ein Dreieck zugrunde liegt. Für mein Auge verbindet sich das Zeichen Gottes (Mitte oben) mit den zwei Gruppen links und rechts unten. Diesem Dreieck eingelagert ruht die Hervorbringerin mit ihrem göttlichen Kind. Sollen wir nun in der Dreizahl und in dem Dreieck ein Symbol der heiligen Dreifaltigkeit sehen, der alles Leben anheimgegeben ist? Oder wollen wir anderen Auffassungen glauben, wonach die Dreizahl zu den Fruchtbarkeitsgöttinnen gehört? Gemäß diesen Ideen steht die Zahl drei für Zeugung, Empfängnis und Geburt; sie wäre also Zeichen des sich stets erneuernden Lebens. Diese Deutung unterstützt das ostkirchliche Urbild der Mutter und Gottesmutter, welches dem Weiblichen ausgesprochen schöpferische und dynamische Aspekte verleiht. Nannten wir oben »sol« (Sonne) die befruchtende, belebende, männliche Kraft, so möchte ich hier die Erde als formgebende, austragende, weiblich-mütterliche Kraft bezeichnen.

Wir haben in unseren Gedanken das göttliche und geistige Geburtsgeschehen umkreist: »Gott wurde Mensch – durch eine Geburt – auf daß der Mensch Gott werde«. Dabei beschäftigte uns die Gottesgebärerin mehr als das Kind. Wir dachten über einige Teilerfahrungen nach, die sich um das zentrale Ereignis gruppieren. Vieles mehr wäre zu nennen: Was aber im tiefsten Sinne mit Geburt gemeint ist, als inneres Geschehen, das vermögen Worte nicht zu beschreiben. Wir müssen es selbst erleben – als Leiden und als Gnade.

Gregor von Nazianz belehrt uns darüber, wie auch wir diesem Ereignis entgegengehen und zur Vereinigung von Himmel und Erde beitragen können. Indem wir es tun, verbinden wir auch die gegensätzlichen Kräfte in und um uns und finden so selber zu neuem Leben, neuer Lebendigkeit.

Gehe mit dem Stern,
bringe deine Gabe mit den Magiern,
lobpreise mit den Hirten,
freue dich mit den Engeln,
singe mit den Erzengeln,
auf daß sich erfülle der gemeinsame Sieg
der himmlischen und irdischen Mächte![5]

Im Verborgenen wurdest Du in der Höhle geboren.
Was werden wir Dir darbringen, Christus, oh Gott,
der Du wegen uns als Mensch auf Erden geboren bist?
Jedes der Geschöpfe, die Du geschaffen hast,
bringt Dir Gaben des Dankes:
die Engel die Lieder,
die Himmel den Stern,
die Weisen Geschenke,
die Hirten das Staunen,
die Erde die Höhle,
die Wüste die Krippe,
wir aber, wir bringen Dir dar eine jungfräuliche Mutter.[6]

Heute gebiert die Jungfrau den Überseienden,
und die Erde gewährt dem Unzugänglichen eine Höhle.
Engel lobsingen mit den Hirten,
Weise ziehen mit einem Stern.
Denn für uns wurde das Kind neu geboren, der urewige
Gott.[7]

Ein Mysterium, fremdartig,
schaue ich, und voller Gegensätze:
als Himmel die Höhle,
als Cherubim-Thron die Jungfrau,
die Krippe als begrenzten Raum,
in dem der Grenzenlose liegt,
Christus, Gott,
den wir mit Hymnen hoch erheben.[8]

Zweig aus der Wurzel Isai
und Blume aus ihr, Christus,
aus der Jungfrau bist Du erblüht.
Aus dem Berge, Gepriesener,
mit dem schattenspendenden Dickicht, kamst Du,
Fleisch geworden aus der vom Mann nicht Berührten,
und bist doch der Immaterielle und Gott.
Ehre Deiner Macht, Herr![9]

Gottesmutter Milchspenderin

GABE UND AUFGABE

Dieser Bildtypos ist im orthodoxen Bereich (koptisch) ab dem 6. Jahrhundert belegt; im römischen ab dem 3. Jahrhundert.

Unser Bild ist russischer Herkunft und stammt aus dem 16. Jahrhundert.

Möglicherweise nimmt diese Ikone ihren Ausgangspunkt von der Lukasstelle 11,27: »… selig der Schoß, der Dich getragen und die Brust, die Dich genährt hat«. Gleichzeitig handelt es sich beim Motiv der Nährmutter auch um eine christliche Umgestaltung des antiken Motivs der Muttergottheiten, etwa der Isis, die den Horusknaben säugt.

Es soll – die Zahl variiert – 128 feste Typen der Darstellung von Mutter und Kind geben. Man fragt sich: Weshalb so viele und beinahe identische Varianten? Ein Grund liegt wohl darin, daß dieser Bildtypos nie nur Darstellung der rührenden Mutterliebe ist, sondern stets auch Zeichen der göttlichen Inkarnation und Ausdruck der spezifischen, doch endlos variierenden Beziehung zwischen Gott und Mensch. Man denke vergleichsweise an die zahlreichen Darstellungen des Heiligen Christophoros, der das Christuskind auf seiner Schulter über den Fluß trägt. Sein Bild taucht bis in unsere Tage hinein immer wieder auf. Was kann der Grund sein? Uns allen ist aufgegeben, in der einen oder andern Weise Christophorus, Christusträger, zu werden. Stets von neuem scheint es dem Menschen ein Bedürfnis zu sein, dieses ihm widerfahrende, doch nie zu erklärende Erlebnis der Gottesnähe in ein Bild zu kleiden. Welch' ungewöhnliche Würde spricht doch der christliche Mythos dem Menschen in diesen Bildern zu. Sind wir uns dessen auch im nötigen Maße bewußt?

Unser Bild betont den nährenden Aspekt. Wie eine Mutter ihr Kind mit optimaler Nahrung stillt, so will auch das Göttliche von uns genährt werden. Es reicht nicht, eine allfällige Gottesgabe demütig zu empfangen; wir müssen sie auch hegen und pflegen, auf daß sie erblühe. Sie ist nicht nur Geschenk, sondern auch Verpflichtung. Unsere Ikone strahlt rot-goldene Wärme aus und hüllt uns förmlich mit ein in den Kreis der Geborgenheit, der Zuwendung und des Eros. Alles darin sproßt, blüht und lebt. Die Farbe Orange entsteht übrigens bei stärkster Durchdringung von Gelb und Rot, von Licht und Materie. Wieder ist es also Himmel und Erde, die im Bild sich einen.

Auf der Ikone »Gottesmutter des Zeichens« (vgl. Seite 42) sehen wir, wie das Kind, als Prophezeiung, vor der Brust der Mutter schwebt. Bei der vorliegenden Ikone hat sich herausgestellt, wer oder was das versprochene Kind in Wirklichkeit ist. Nun gilt es, das Kind zu »behändigen«, d.h. es aufzugreifen als Gabe und als Aufgabe. Zahlreiche Weisen der Beziehung zum göttlichen Kind sind möglich. Es gilt die eigene Ausformung zu finden.

Der Kreuznimbus des Kindes besagt, daß es der Kreuzessymbolik untersteht, also der Gegensatzproblematik unterstellt ist. Wer dieses Kind tragen will, wird im Gleichen seine eigene Gegensätzlichkeit ertragen müssen. »Unversöhnliches versöhnen«[1] soll die Mutter und Gottesmutter. Dieses göttliche Kind hat ja in sich die Gegensätze »wahrer Gott und wahrer Mensch« zu vereinen; wahrlich keine Kleinigkeit! Daß es sich um ein ewiges Geschehen von geradezu kosmischem Ausmaß handelt, bezeugen Sonne und Mond, die im Bilde links und rechts oben dem Kinde wie Gevattern zur Seite stehen. Die Mutter reicht dem Kind ihre eigenartig apfelförmige Brust. Unwillkürlich fällt mir Eva ein, die Adam die schicksalbringende Frucht reicht. Wir erinnern uns, daß Maria in Hymnen als »Heimholung Adams« und »Amme des wahren Lebens«[2] gepriesen wird. Könnte es sein, daß in unserm Bilde ausgedrückt ist, daß, auf nun gewandelter Stufe, wiederholt und gut gemacht wird, was damals als Abfall von Gott verstanden wurde? Ob Anbieten der verlockenden Frucht oder Reichen der nährenden Brust, beides verstehe ich als Initiation ins Leben, in die Süße des Lebens.

Milch und Honig gelten als Inbegriff der Süßigkeit und als Gottesgabe der Natur; ihr Genuß war einst eine Art von Sakrament und gehörte zu den Einweihungsriten mancher Religionssysteme (z.B. im Attis- und Mithraskult).[3]

Im koptischen und armenischen Ritus wird noch heute unmittelbar nach Taufe und Eucharistie eine Mischung von Milch und Honig dargereicht. (Ich empfehle den Lesern aufmerksam zu sein, falls ihre Träume vom Stillen oder von Milch und Honig sprechen.)

»Gottesmutter die Milchreiche« gilt als Sinnbild der Lebendigkeit und der Fruchtbarkeit. Dies sagen uns auch die Bäume, Pflanzen und Blüten des Bildes.

Abschließend zum Gesagten ein Hymnus aus dem Akathistos, dem ältesten, seit über tausend Jahren gesungenen Marienlob der Ostkirche:

Sei gegrüßt, Reis des nie verdorrenden Stammes;
reich bist Du an lauterer Frucht.
Du ernährst den, der uns Nahrung gewährt;
Du geleitest zum Leben den, der unser Leben leitet.

Sei gegrüßt, solchen Reichtum des Erbarmens ziehst Du
auf Deiner Flur;
wie von einem Altar hebst Du den Segen der Versöhnung.
Daß Du dem Leibe Stärkung in Fülle gewährst,
daß Du den Seelen die bergende Hülle bereitest,

Sei gegrüßt, Du jungfräuliche Mutter![4]

Als unbestellter Acker ließest Du sprossen
die lebenbringende Traube,
die Leben darreicht der Welt.
Gottesgebärerin, rette, die Hymnen Dir singen.
Als Gottesgebärerin, Du Allreine,
erkennen wir, alle Erleuchteten, Dich.
Denn der Gerechtigkeit Sonne,
stets Jungfräuliche, hast Du geboren.[5]

Darbringung

DAS WAGNIS DER VERLETZBARKEIT

Dieses Fest wird seit dem 4. Jahrhundert gefeiert und ist bei uns unter der Bezeichnung Mariä Lichtmeß (2. Februar) bekannt. Es entstand auch als Gegenfest zu den vor- und außerchristlichen Fruchtbarkeitsriten. Die Christen feierten es mit Lichtprozessionen.

Der Bildtypos ist seit dem 4. Jahrhundert nachweisbar (Rom). Ab dem 6. Jahrhundert tritt es auch im byzantinischen Raum auf. Unsere vorliegende Ikone stammt aus dem 17. Jahrhundert.

Dieses Bild korrespondiert mit dem Text Lukas 2,21-40:

> *»Und da acht Tage um waren, daß das Kind beschnitten würde, da ward sein Name genannt Jesus, welcher genannt war von dem Engel, ehe denn er im Mutterleibe empfangen ward. Und da die Tage ihrer Reinigung nach dem Gesetz Moses kamen, brachten sie ihn gen Jerusalem, auf daß sie ihn darstellten dem Herrn.*
> *Wie denn geschrieben steht in dem Gesetz des Herrn: Allerlei Männliches, das zum ersten die Mutter bricht, soll dem Herrn heilig heißen.*
> *Und daß sie gäben das Opfer, wie es gesagt ist im Gesetz des Herrn: ein Paar Turteltauben oder zwei junge Tauben. Und siehe, ein Mensch war zu Jerusalem, mit Namen Simeon; und derselbe Mensch war fromm und gottesfürchtig und wartete auf den Trost Israels, und der heilige Geist war in ihm. Und ihm war eine Antwort geworden von dem heiligen Geist, er solle den Tod nicht sehen, er hätte denn zuvor den Christus des Herrn gesehen.*
> *Und er kam aus Anregen des Geistes in den Tempel. Und da die Eltern das*

Kind Jesus in den Tempel brachten, daß sie für ihn täten, wie man pflegt nach dem Gesetz.

Da nahm er ihn auf seine Arme und lobte Gott und sprach: Herr, nun lassest Du Deinen Diener in Frieden fahren, wie Du gesagt hast;

denn meine Augen haben Deinen Heiland gesehen,

welchen Du bereitet hast vor allen Völkern,

ein Licht, zu erleuchten die Heiden, und zum Preis Deines Volkes Israel.

Und sein Vater und seine Mutter wunderten sich des, das von ihm geredet ward.

Und Simeon segnete sie und sprach zu Maria, seiner Mutter: Siehe, dieser wird gesetzt zu einem Fall und Auferstehen Vieler in Israel und zu einem Zeichen, dem widersprochen wird.

Und es wird ein Schwert durch deine Seele dringen, auf daß Vieler Herzen Gedanken offenbar werden.

Und es war eine Prophetin, Hanna, eine Tochter Phanuels, vom Geschlecht Asser; die war wohl betagt und hatte gelebt sieben Jahre mit ihrem Manne nach ihrer Jungfrauschaft, und war nun eine Witwe bei vierundachtzig Jahren; die kam nimmer vom Tempel, diente Gott mit Fasten und Beten Tag und Nacht.

Die trat auch hinzu zu derselben Stunde und pries den Herrn und redete von ihm zu allen, die da auf die Erlösung zu Jerusalem warteten.

Und da sie es alles vollendet hatten nach dem Gesetz des Herrn, kehrten sie wieder nach Galiläa zu ihrer Stadt Nazareth.

Aber das Kind wuchs und ward stark im Geist, voller Weisheit, und Gottes Gnade war bei ihm.«

Das Bild zeigt uns rechts den greisen Simeon, wie er gerade das Kind entgegennimmt, links steht die Gottesmutter mit sprechenden Händen, hinter ihr Hanna mit einer Schriftrolle, auf der geschrieben steht »dieses Kind hat Himmel und Erde erschaffen«; hinter den Frauen folgt Joseph mit den zwei Turteltauben. Das ganze Geschehen ist von einem Kiborion[1] überwölbt. Der Bildaufbau erinnert an die Ikone »Einführung Mariä in den Tempel«. Der Bildinhalt zeigt ebenfalls eine gewisse Verwandtschaft, da bei beiden Ikonen ein Kind an den ihm bestimmten Ort gebracht wird, in den Tempel Gottes, und da in beiden Fällen damit dem Tempel etwas geschieht. Auf unserem Bild ist ausgedrückt, daß Maria ihr Kind weiterreichen muß. Simeon steht stellvertretend für alle Gläubigen da, denen nun in dieser Opfergeste das göttliche Kind, die neue Belebung, die Andeutung ewigen Lebens angeboten wird. Nach alttestamentlicher Auffassung war ein erstgeborener Sohn Eigentum Jahwes und mußte durch ein Geldopfer ausgelöst werden. Maria löst ihren Sohn durch ihr Reinigungsopfer aus und Joseph durch die mitgebrachten Turteltauben (nach dem Gesetz eigentlich ein Lamm). Wir könnten sagen, Eltern müssen ihr Kind noch einmal bewußt wollen, durch Opfer erringen und annehmen. Das kommt auch im kirchlichen Darbringungsritus zur Darstellung, wenn die Mutter nach vollzogener Segnung, das Kind noch einmal von der Erde aufheben muß.

Diese Ikone wird in der Ostkirche mit »Begegnung« oder auch mit »Entgegennahme« bezeichnet. Diese Benennung umgreift mehr als das Wort »Darbringung«. Darbringung scheint nur die eine Hälfte des Geschehens zu sein; die andere Hälfte ist die Entgegennahme. In der russischen Formulierung schwingt die leise Frage mit, ob dem, was hier dargebracht werden möchte, die Entgegennahme verweigert werden könnte. Wir haben gelesen, daß Maria ein unerklärliches »Männliches« darbringt, das »ihren Schoß zum ersten Mal gebrochen hat«, ein Kind, dessen Zeugung sie sich nicht erklären kann, das ihr – als männlich – artfremd ist, und doch aus ihrem eigenen Leib und Wesen stammt. Was wird es dereinst sein? Wohin gehört es? – Ähnlich mag sich manche junge Mutter fragen.

Wir wissen, daß alles junge Leben Schutz, Pflege, Zuwendung und Annahme braucht: Sei dieses junge Leben nun ein Kind, eine Pflanze, oder einige eigenständige Gedanken, die man hegt. In jedem Falle ist die Frage: Welchen Rahmen gebe ich diesen noch zarten Dingen? Wo bringe ich sie ein? Wo ist ihr Platz, an dem sie gedeihen können?

Maria bringt ihr Kind folgerichtig im Tempel ein; denn von ihrem Kind hieß es ja, es sei »Sohn Gottes«. Es wird also im Hause Gottes seinen Ort finden. Wir aber müssen das von uns Hervorgebrachte wahrscheinlich anderswo einbringen, in einen kleineren, subjektiveren Rahmen.

Text und Bild sagen eindringlich, daß wir unser »Kind«, auch wenn es nicht mehr als eine fruchtbare Idee ist, nicht irgendwo in den leeren Raum stellen sollen. Wir brauchen ein Gegenüber, ein Etwas, einen Jemand, einen Empfänger, der uns meldet, ob das Kind angekommen ist, ob es so wie es ist, eingeordnet werden kann, ob es Verständnis findet und ob es am Ort seines Ankommens Sinn bringt und Leben bewirkt.

Text und Bild zeigen uns die Begegnung zwischen einem Greis und einer jungen Frau mit Kind. Was macht diese Begegnung eigentlich so spannend? Um sie zu erfassen, müßte man beide Rollen erleben, die des Darbringenden und die des Entgegennehmenden. Das Leben selbst stellt uns bald in die eine, bald in die andere Rolle:

Jede junge Mutter kann, auf ihrer Stufe, ähnliches erleben wie Maria; so wenn sie ihr erstes Kind dem Großvater zeigt, der mit Freude und Genugtuung erfährt, daß ein Stammhalter da ist. Das junge Leben läßt sein Herz höher schlagen. Der Fortgang der Sippe ist gesichert. Die Mutter ist glücklich, ihr Kind aufgenommen zu wissen.

Eine ähnliche Begegnung kann bei einem Menschen aufscheinen, der ein köstliches Geheimnis hütet und dieses mitteilen möchte. Er sucht einen Empfänger, dessen offene Ohren und Herz er als Annahme des Mitgeteilten empfindet. Der Annehmende ist um ein Stück Wissen reicher.

Auch ein Künstler mag mit seinem Kunstwerk dem Käufer ähnlich gegenüberstehen: Als wagender Darbringer vor dem verständnisvollen und nun bereicherten Entgegennehmer. Zwischen beiden liegt ein Spannungsfeld, wie es auf unserer Ikone spürbar ist.

Die Erzählung und das Bild legen uns nahe, unser »kostbares Kind« nicht zurückzuhalten, weder das reale, noch das geistige, sondern es, um seiner Entwicklung willen, der objektiven Begutachtung durch andere auszuliefern; wie es im Text heißt »um dem Gesetz Genüge zu tun«: Wir sollen das »wunderbare Kind«

an den Normen prüfen und für dieses Anschluß an Bestehendes und Bewährtes (Tempel) suchen. So findet das noch Ungesicherte seinen Schutz und das Bestehende neue Belebung.

Beim Betrachten der Ikone bemerken wir die hinter Maria einherschreitende Prophetin Hanna; vielleicht ist sie Repräsentantin des wissenden, größeren Mütterlichen das notwendigerweise mit anwesend sein muß an der Schwelle zu einer neuen Zeit. Ihr grünes Kleid – grün ist Farbe des Wachstums und des belebenden Geistes – setzt sich im Kleid der jungen Mutter fort und scheint, diese dem hoffnungsvoll wartenden, ebenfalls grün gewandeten Simeon entgegenzuführen. Selbst die Himmel und Erde verbindenden Säulen des Kiborions sind vom lebendigen Grün erfüllt.

Vom Bild als Ganzem geht eine spürbare Unruhe aus. Es ist eine spannungsgeladene Begegnung. Auch in den erwähnten Beispielen aus dem Alltag schwingt ein banger Unterton mit. Bangen? Wovor? Jedes Aus-sich-heraus-Treten ist ein Risiko. Man befürchtet das Nein des Andern. Die Sorge wird größer, je bewußter wir einen Schritt planen und je persönlicher wir uns selbst einbringen im Dargebrachten. Wer mehr wagt, ist verletzlicher und die Frage nach der Entgegennahme wird ihn immer mehr bedrängen.

Unser Geschehen ist ein Opfergang. Joseph muß zwei Tauben als Opfergabe mitbringen; so will es das Gesetz. Marias Opfer ist ihr Kind. Sie opfert für ihre »Reinigung«. Alles Übergroße will seine Sühne. Nach dem ekstatischen Erlebnis – die göttliche Geburt – ist die Wieder-Einordnung in die Norm nötig. Aber Maria hat allen Grund zur Bangigkeit, weiß sie doch über ihr Kind: »Siehe, dieser wird gesetzt zu einem Fall und Auferstehen vieler in Israel und zu einem Zeichen, dem widersprochen wird.« Das Kind dieser jungen Mutter wird also ein Stein des Anstoßes sein. Zwar segnet Simeon Maria und nimmt ihr Kind mit Freuden an, warnt sie aber: »… es wird ein Schwert durch deine Seele dringen, auf daß vieler Herzen Gedanken offenbar werden.« Ein schicksalsschwerer Spruch, der in jeder Mutter Fragen aufwerfen würde.

Anders ist die Situation des Simeon. Er sieht sein Heil darin, noch zu erfahren, daß das Haus Gottes mit neuem Leben erfüllt wird. Nun da Maria ihr Kind bringt, ist er dessen gewiß und kann seinem Ende getrost entgegensehen (mit ihm auch Hanna). Er steht vor dem Haus Gottes und steht wohl auch für es. Zwar scheint er kein Priester zu sein, sondern, wie es heißt, ein Gerechtfertigter, ein Richtig-Gewordener, ein ganzheitlicher Mensch. Die Tatsache, daß Simeon an der Schwelle zum Tempel steht, läßt uns den Ernst dieser Begegnung und Entgegennahme bewußt werden. Hier entscheidet es sich, ob das, was wir darbringen, vor Gott und dem Schicksal Gnade finden wird. Simeon, als reifer Mensch, erkennt, daß ihm eine Gabe Gottes gebracht wird, gleichzeitig sieht er jedoch auch, daß dieses neue Leben Anstoß erregen wird. Auf unserer Ikone ist das göttliche Kind feuerrot, ein Zündfunke! Rot ist Farbe des pulsierenden Lebens.

Es ist mein Anliegen, an diesem Bild und dem zugrundeliegenden Text zu zeigen, daß Darbringung immer auch einen Gegenpol braucht und daß beide Pole von gleicher Wichtigkeit sind.

Es kann geschehen, daß wir selbst in der Rolle des einen oder anderen Partners stehen. Für beide Teile kann diese Begegnung existentielle Bedeutung haben. Begegnung geschieht nur, wo beide sich ganz einbringen, wo jeder dem anderen etwas entgegenbringt, entgegenhält.

Es ist notwendig, nach dem Text ist es »Gesetz«, sein »inneres Kind«, die Gottesgabe in der eigenen Seele, an geeignetem Ort darzubringen. Diese inneren Samen haben eine unheimliche Wirkung und Sprengkraft. Werden sie nicht geboren, finden sie keinen Ausdruck und treten sie nicht aus uns hervor, so drohen sie uns zu sprengen oder zu ersticken. Nach dem Heraustreten muß die Suche nach einem Menschen, einer Gruppe, einer Struktur, einem Werk, einer Institution folgen, wo die Keime ankommen, angenommen, eingeordnet, behütet und befruchtend weiterleben können. Sie gehören nie nur uns, sondern sind stets dazu bestimmt, auch anderen zu dienen. Für das wichtige Amt des »Gefäßes« steht mir Simeon der Gott-Empfänger und hinter ihm die ewige Struktur, der Tempel.

Auf Integration und Konsumiert-Werden weist auch die Ikone hin: Der baldachinartige Überbau über Altar und Kind heißt Kiborion. In der Kirche überwölbt er das Gefäß mit der Hostie; im Bild weist er auf den Opfertod dieses Kindes hin:

> *»Nehmet, esset, dies ist mein Leib, der für viele gebrochen wird*
> *zur Vergebung der Sünden...«*

Im Ritus der Darbringung wird das – reale – Kind auf die Gegensatzstruktur geprägt: Der Priester zeichnet mit dem Kind mitten in der Kirche ein Kreuz in die Luft. Dieses Kreuzzeichen könnte uns andeuten, daß auch die Gnadengeschenke, die *uns* zuteil werden in sich gegensätzliche Gaben sind, Freude und Qual nach sich ziehend. Ihre Entgegennahme, durch uns oder unser Gegenüber, löst ambivalente Gefühle aus.

Über meine, vielleicht allzumenschlichen Überlegungen kehre ich zurück zum greisen Simeon, dessen Freude eindeutig ist. Er hat sein Heil erkannt; Maria ihrerseits weiß, daß ihr Kind das ihm gemäße Haus gefunden hat. Es ist nicht nur dargebracht, es ist auch entgegengenommen.
Ich ordne meine Gedanken wieder dem Troparion und Kontakion des Tages unter:

Freue Dich, Begnadete, Gottesgebärerin, Jungfrau!
Aus Dir ging auf die Sonne der Gerechtigkeit, Christus,
unser Gott, und erleuchtete die in der Finsternis.
Frohlocke auch Du, gerechter Greis!
Auf Armen trägst Du den Befreier unserer Seele,
der aus Güte auch uns die Auferstehung schenkt.[2]

Durch deine Geburt hast Du den jungfräulichen
Mutterschoß geheiligt,
die Hände Simeons, wie es recht war, gesegnet
und uns jetzt durch Dein Zuvorkommen gerettet,
Christus, Gott.
Gib Frieden der kriegsbedrohten Gemeinde
und stärke die Staatslenker, die Du liebst,
einzig Menschenfreundlicher, Du!³

Christus, das nichtschlafende Auge

TRÄUMEN, WACHSEN, WERDEN

Dieser Bildtypos ist ab dem 12. Jahrhundert belegt. Es ist ein Bild, zu welchem ich kaum Angaben gefunden habe. Niemand scheint so recht zu wissen, worum es sich hier handelt; dennoch wird das Bild seit Jahrhunderten tradiert.

Nachdem ich mich in das Bild und die spärlichen Angaben dazu vertieft hatte, bin ich zur Auffassung gekommen, es sei hier ein Schwebezustand, eine Latenzzeit dargestellt. Aber welche?

Das Kind ist kein Kind mehr, es ist zum Jüngling geworden und den Armen seiner Mutter entwachsen. Sie muß ihn entlassen. Wohin entläßt sie ihn? In eine männlichere Welt; denn rechts steht der Erzengel Michael, Archistrateg und Kämpfer gegen das Böse. In seinen Händen hält er das Kreuz bereit (gelegentlich auch die Marterwerkzeuge). In unser poetisches Bild bricht damit eine düstere Vorahnung ein.

Christus liegt träumend, aber mit offenen Augen auf seinem Lager (Tagträumereien?). Er ist als Immanuel dargestellt, d.h. mit jungem Körper und altem Gesicht. Man nennt ihn auch Kind-Greis. Durch diese Benennung wird er durch zwei bekannte, oder doch vorstellbare Pole umrissen: Kind und Greis. Im Augenblick, so sagt das Bild, ist er weder das eine noch das andere, sondern das, was dazwischenliegt, die Spanne zwischen Anfang und Ende. Auf Parallel-Ikonen sieht man ihn auf einem gleichen roten Geburtslager ruhen wie die Gottesgebärerin auf der Geburts-Ikone (Weihnachts-Ikone). Auf unserem Bild jedoch sitzt und liegt Christus auf »nichts«. Er schwebt zwischen weiblichem und männlichem Prinzip, zwischen warmer mütterlicher Fürsorge und neuen geistigen Anforderungen. In Latenzzeiten regt sich außen wenig, wir scheinen zu schlafen, innen aber sind wir in wacher, unruhevoller Spannung. Unbekanntes geht in uns vor. Auch das Umgekehrte ist denkbar: Wir dösen innerlich, während wir uns außen geschäftig geben.

Das Gewand Christi erscheint grün-golden. Grün ist die Farbe der Natur und des Wachstums. Man könnte sagen, der natürliche Mensch Jesus befindet sich hier in der Übergangsphase seiner Entwicklung zum göttlichen Christus. Seine wahre Natur hat sich noch nicht enthüllt, ist noch nicht ganz geworden. Noch ist er »grün« entsprechend seinem jugendlichen Alter. Das Vom-Göttlichen-durchwirkt-Sein ist noch nicht vollständig.

In welcher Phase sehen wir die Mutter des Heranwachsenden? Ihr Kleid hebt sich kaum ab von der grünen Wiese, als wäre sie selbst ein Stück Natur und in diese eingewoben; einem Baumstamm ähnelt sie. Die palmenartige Baumkrone oben scheint aus der Gottesmutter hervorzugehen und diese zu beschirmen. (Man verzeihe mir, wenn mir unwillkürlich die frühen Baumgöttinnen und die Baumgeister der Slaven in den Sinn kommen!) Hier steht die Gottesgebärerin tief eingewurzelt in die Erde, als »mater« der »materia« zugeordnet. Alles an ihr, alles um sie herum bekundet Wachstum. Sie selbst wächst, indem sie ihr Kind wachsen läßt und es nun freigibt. Sie entläßt es in eine fragwürdige Freiheit hinein; sein Schicksal ist vom Kreuz geprägt, wie der Engel es bereits zeigt. Kreuz aber bedeutet Leben und Tod. Es weist auf die Gegensatzstruktur des Menschen hin und auf sein schmerzhaftes Schwanken zwischen diesen Gegensätzen. Wie bewältigt der Mensch die Vereinigung der zwei Naturen in sich? In unserm Bilde hebt dieser Entwicklungsprozeß an. Ich vermute, dieser Zwischenzustand, diese Inkubationsphase ist im Bild angedeutet.

Die zum Bild vorgeschlagenen Texte geben mir zunächst Rätsel auf:
   Ein erster Text: Psalm 121,3-4 »... der Dich behütet, kann nicht schlummern! Nein, er schlummert nicht und schläft nicht, der Israel behütet.« Etwas widersprüchlich dazu sagt der Kommentar, daß im Bilde Jesus selber behütet werde; demnach wäre nicht er der Behütende.

In einem zweiten Text, Genesis 49,9 ist vom »kauernden Löwen Juda«[1], der nicht gestört werden soll, die Rede. Aus dem Wort »kauern« vermag ich dann die potentielle Sprungbereitschaft des Löwen herauszuhören; d.h. die einstweilen noch schlummernde Kraft des Machtvollen. Die Karsamstags-Liturgie greift dieselbe Textstelle auf, wenn auch in etwas anderer Übersetzung. Die Gedankenverbindung mit dem Karsamstagsgeschehen bestätigt meine Vermutungen zum Sinn des Bildes.

Es wird ferner noch auf das »Löwengleichnis« des frühchristlichen »Physiologus« hingewiesen, in welchem der schlafende Löwe die Augen offen hält. Der Kommentator sieht den Zusammenhang unseres Bildes mit dem Gleichnis wie folgt: »Der Mensch Jesus-Christus ruht im Kreuzestod, während seine Gottheit wacht.«[2] Das bringt mich auf eine Spur: Jesus, der menschlich-irdische Aspekt schläft, Christus, der ewig-göttliche Aspekt wacht.

Übertragen auf unsere eigene Seele, verstehe ich das so: Unser »Ich« oder Ichbewußtsein vergleiche ich mit »Jesus«, unser »Selbst« (imago dei in homine) vergleiche ich mit »Christus« (vgl. dazu Galater 4,19: »... bis daß Christus in euch Gestalt gewinne...«). Das »Ich« ist, weil beschränkt, sich seiner Phasen und Ziele nicht immer bewußt; das »Selbst« aber, als geistig-göttliche Komponente in uns, ahnt schon immer wohin die Dinge zielen und was mit unserem Leben gemeint ist. Das »Ich« entspricht dem schlummernden, wenig ahnenden Kind, das »Selbst« dem wissenden, wachsamen Greis. Deshalb sehen wir auf dieser Ikone Jesus-Christus als Kind-Greis dargestellt. Zwischen den beiden Stufen Kind-Greis liegt, als Wachstumsprozeß der Vorgang der Vergeistigung oder Vergöttlichung, der nicht gestört werden darf. Vielleicht ist auch deshalb auf manchen Ikonen ein zweiter Engel mit einem Fächer in der Hand da, der, wie es heißt, die »lästigen Fliegen« wegscheucht!

Die vielen Vögel im Bilde erinnern an die Kindheitslegenden, wonach der junge Jesus Vögel aus Lehm geformt und sie dann belebt haben soll. Sie sind aber auch ein schönes Bild des jugendlichen Gedankenfluges.

Wir alle kennen ähnliche Übergangszeiten; sie ereignen sich in jedem Lebensalter. Am deutlichsten sind sie zur Zeit der Pubertät wahrnehmbar. Man fühlt sich in solchen Phasen dem eigenen Wesen entfremdet und findet seine neue Form und das damit verbundene neue Lebensgefühl noch nicht. Bestenfalls ahnt man, was werden will. Wir befinden uns also in einem ähnlichen Schwebezustand wie der sich wandelnde junge Christus auf unserm Bild und schwanken wie dieser zwischen einstiger Geborgenheit und kommenden, ernsten Anforderungen. Auch Christus wendet sich – im Bild – von den ihm noch undurchschaubaren Zukunftsperspektiven ab. Schließt er auch nicht die Augen gegenüber dem Kommenden, so zieht er es doch vor, noch etwas dahinzudämmern. Seine volle Kraft und Macht ist erst im Werden; noch »kauert« der Löwe. Die Zeit zum Sprung steht erst bevor.

Man kann dieses Bild als Ikone des Übergangs und der beginnenden Initiation verstehen und bezeichnen. Die Vorschrift des Malerhandbuches scheint meine Auffassung zu bestätigen. Sie besagt, daß dieses Bild »über die Türe« zu malen sei. Tür, Tor, Pforte stehen symbolisch stets für Eingang, Durchgang, Übergang, Ausgang. Sie verbinden immer zwei Bereiche. Möglicherweise zeigt uns diese Ikone das Bild des »Anthropos«, des Menschen, schwebend zwischen den zwei, ihn konstituierenden Mächten und Bereichen. Links wäre, verkörpert durch die Mutter, das erdhafte, irdische Prinzip, rechts durch den Engel dargestellt, das geistige, überirdische. Ergibt sich so die Vorahnung des Kreuzes?

Zum Zeitpunkt meiner Erarbeitung traf ich zufällig in einem Buch auf das Wort »Anapeson« im Zusammenhang mit dieser Ikone. Anapeson heißt der Zustand vor dem »Kairos«, vor dem richtigen Zeitpunkt, vor der erfüllten Zeit. Anapeson stammt vom Verb »anapipto«, das fallen, stürzen, sich niederlegen, niederlassen bedeutet. Meine Interpretation scheint also richtig mit der Vermutung zu liegen, es sei ein Vor- oder Zwischenstadium dargestellt. Auch der merkwürdige Zusatztitel »der Niedergestürzte«, welcher gelegentlich verwendet wird, gewinnt nun Sinn: Könnte mit dem »niederstürzen« womöglich die Niedergeschlagenheit gemeint sein, die uns mitunter befällt, wenn nicht abschätzbare Forderungen auf uns zukommen und neue, nicht sicher erkennbare Schritte getan werden müssen, wie sie hier dem jungen, werdenden Christus bevorstehen?

»Anapeson« erschließt sich als die Ruhe vor dem Sturm oder vor der Glücksstunde und vor dem Sprung des Löwen.

Theotokion:

> Du ließest sprossen das Reis,
> das gleich anfanglos ist wie der Vater,
> die Blume der Gottheit,
> den gleichewigen Sproß,
> der allen Menschen, o Jungfrau,
> schenket das Leben.[3]

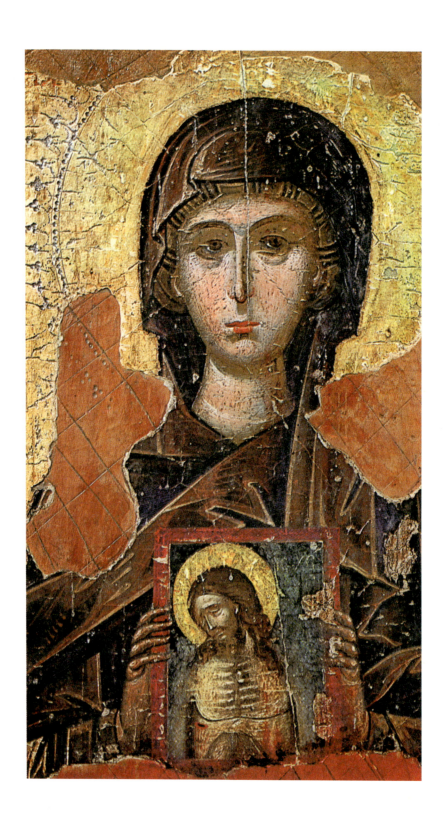

Der innere, leidende Christus

SELBSTVERLUST

Dieses Bild ist ungewöhnlich; ich habe dazu keine Varianten, keine Texte und keinen Kommentar gefunden. Es handelt sich nicht um ein Bild der Gottesgebärerin, sondern um eine Darstellung der Märtyrerin Paraskewa. Ich gehe hier nicht auf das Leben dieser Heiligen ein, erlaube mir aber, ihre Ikone dennoch in meine Bilderreihe über das Weibliche aufzunehmen. Möchte ich mit unserem Bild an die bereits erschlossene Ikone »Christus, das nichtschlafende Auge« anknüpfen, so läge es nahe, darin die Vorahnung und Schmerzen einer Mutter zu sehen, die ihren Sohn nun verliert an dessen eigenes Leben und Schicksal. Das Ende der Mutterrolle kann Leiden bringen. Die Loslösung des Kindes bedeutet meist auch eine kritische Schwelle für die Mutter. Das Kind »erstirbt« ihr in gewissem Sinne. Gefühle der Ohnmacht und des Mitleidens quälen unter Umständen Eltern sehr erheblich, wenn das Kind beginnt, sein eigenes Kreuz auf sich zu nehmen. Ich möchte mich aber nicht auf diese Gedanken beschränken, sondern weiter nachsinnen.

Die Gestalt des Gekreuzigten steht an zentraler Stelle im Christentum. Christen sinnen dem Gekreuzigten nach; vielerlei Gedanken tauchen dabei auf. Ein Gedanke, unter vielen anderen, ist mir die Frage, ob »Kreuzigung« als seelischer Prozeß nur dem Manne zugemutet sei, ob etwa die Frau einen ebenso schmerzlichen, doch anders gearteten Prozeß zu durchleiden habe. Streng und als Urbild gefaßt, wird ein Mann, Jesus Christus, gekreuzigt und nicht eine Frau. Welche Ikone würde uns das vergleichbare Leiden der Frau zeigen? In welchem Symbol würde es sich ausdrücken? Fern davon, diese und ähnliche Fragen beantworten zu können, wollte ich sie doch nennen, weil sie mich, gerade bei dem vorliegenden Bild, immer begleitet haben.

Wir wissen vom leidenden und sterbenden Jesus, dem Christus. Wir kennen Texte wie Galater 4,19, wo vom inneren Christus die Rede ist, der in uns Gestalt annehmen soll. Aber was sollen wir verstehen unter einem »sterbenden Christus in uns«, so wie es das Bild uns nahelegt? Wenn unser Selbst das gleiche meint, freilich in anderer Ausdrucksweise, wie der Begriff des inneren Christus, wenn dieses spiegelgleiche, in die Seele des Menschen gelegte Etwas das Bild Gottes trägt, dann plagt mich die Frage: Kann das Selbst, unsere innerste Kraftquelle sterben?

In allen bisher betrachteten Ikonen verstanden wir das geistige oder göttliche Kind als Bild der Kraft, die sich stets neu und frei aus unserer Seele manifestiert. Wie nun verstehe und vereine ich das göttliche, lebenbringende Kind mit dem sterbenden Christus? Gehören sie beide als Bilder und als Werde-Stufen zum Wesen der menschlichen Seele?

Es scheint, als habe der Maler unserer Ikone ähnlichen Fragen nachgesonnen. Die dargestellte junge Frau, wer immer sie auch sei, hält uns gleichsam einen Spiegel vor, das Unbegreifbare zu bedenken. »Allezeit tragen wir das Sterben Jesu am Leibe herum, damit auch das Leben Jesu an unserm Leibe offenbar werde« (2. Korinther 4,10). Ist es das, was sie uns zeigen will?

Oder sagt sie uns, daß sie als Frau zwar das qualvolle Ausgespanntsein nicht realiter erleben müsse, es wohl aber im Innern miterleide, wo immer ein Mitmensch einen solchen Prozeß als inneres oder äußeres Schicksal ertragen muß? Oder erinnert sie uns an die schmerzlichen Wandlungen, die unser eigenes, inneres Gottesbild im Zuge der lebenslänglichen Entwicklungen unserer Seele und unseres Schicksals durchläuft?

Der Bildtypos erinnert bei aller Verschiedenheit an die Ikone »Gottesmutter des Zeichens«. Auf jenem Bild, das die wunderbare Geburt prophetisch vorauszeigt, schwebt der junge Christus-Immanuel in einem Kreis oder einer Rund-Aureole vor der Brust der Gottesgebärerin, ungleich dem vorliegenden Bild, welches, als Rahmen für den Gemarterten das Viereck wählt. Das Rund deutet rollendes, lösendes, bewegendes Leben an; im Viereck aber stoßen wir auf die starren Gegensätze, auf das Unabänderliche, die irdischen Gesetzmäßigkeiten, denen wir nicht entrinnen. Das Symbol Viereck zwingt uns innezuhalten. Im Bild ist es rot und läßt uns an Herzblut denken. Innerhalb der Umrandung gewahren wir den leidenden Menschensohn. Sein Körper ist ausgemergelt. Der Hintergrund ist dunkel. Die Hände der Bildträgerin sind eigenartig knöchern.

Das Antlitz der jungen Frau wirkt mädchenhaft, aber auch fremd und verschlossen. Ihr Gewand ist dunkel und müßte doch leuchtend rot sein, falls Paraskewa als Märtyrerin dargestellt ist. Ist es die Gottesmutter, so fehlt hier das kleine Licht der drei Sterne auf Haupt und Schultern. Die sonst meist weichen Gewandfalten scheinen spitz und dornig, als seien sie verwirrt und verletzt. Alles ist verfremdet in dieser Leidenssituation.

Ob uns der dunkle Spiegel das Bild unseres eigenen Wesenskerns, das Leiden am Selbst zeigt? Kann von einem sterbenden Selbst gesprochen werden, wo doch eines seiner Kriterien die stete Lebendigkeit ist? Was ist, nach Aussage des Bildes, mit dem inneren Kind von einst geschehen? Müssen wir demütig annehmen, daß mancher hoffnungsvolle Lebensansatz zunichte wird, zu vermeintlichem Tod führt? Unterliegt auch das kostbare Kind, für dessen Geburt wir alles einsetzten, einem so quälenden Wandlungsprozeß? Steht das Bild für den äußersten Pol der Wandlung, den Selbstverlust? Heißt Wandlung Tod eines Teiles unserer selbst? Fragen über Fragen...

Auf der Tauf-Ikone wird Jesus entblößt dargestellt. Die Nacktheit soll Zeichen seiner Selbstentäußerung und seiner völligen Auslieferung sein. Er läßt alles hinter sich, was er bisher war. Er erleidet und vollzieht die vom Täufer verkündete und verlangte Wende. Dieser Augenblick öffnet ihm den Weg zur eigenen Bestimmung und später zur Aufhebung der Gegensätze seiner Zwie-Natur »wahrer Mensch und wahrer Gott«, die es zu vereinen gilt.

Ecce homo – sehet den Menschen! Wie Er, so leiden auch wir unter unseren Widersprüchlichkeiten.

Ich komme zum Anfang meiner Überlegungen zurück und schließe sie mit dem vordergründigeren und verständlicheren Gedanken, daß unsere Ikone ein Bild der Leiden aller Mütter ist, die ein Stück Abschied, Tod und Vernichtung am Eigenen erfahren, wenn ihre herangewachsenen Kinder sie verlassen. Im befremdeten Blick des fraulichen Antlitzes mag sich uns die Selbstentfremdung zeigen, die Mütter befallen kann, wenn ihre Mutterrolle erlischt, Sohn und Tochter ihnen entgleiten. Die Mutter steht dann vor der Aufgabe, sich eine neue Identität zu suchen, und das kann heißen, ein Stück Tod und Verlust an sich selbst zu erleben. Mutter oder Märtyrerin? – Wohl beides in einem.

Deine Mutter, die Jungfrau, sah Dich, Christus,
als Toten am Kreuz ausgespannt.
Da hat sie bitter geweint.
Mein Sohn, so hat sie gesprochen,
welch ein schauererregend Geheimnis ist dies.
Wie stirbst Du, der allen das ewige Leben schenket,
freiwillig am Kreuze den schmachvollsten Tod.[1]

Aller Zerrissenen unzerreißbare Aufrichterin,
Gebärerin Gottes, wecke mich auf, der hier liegt,
mich Verlorenen durch deine Mutterbitten errette,
ich bitte, und gib meinem Geiste Licht.[2]

Die Natur, die stirbt und vergeht,
nahm der Unsterbliche an aus Deinem Schoß,
über allen Tadel Erhabene, und in sich hat
Er sie aus Erbarmen unvergänglich gemacht.
Drum erheben wir Dich als Gebärerin Gottes.[3]

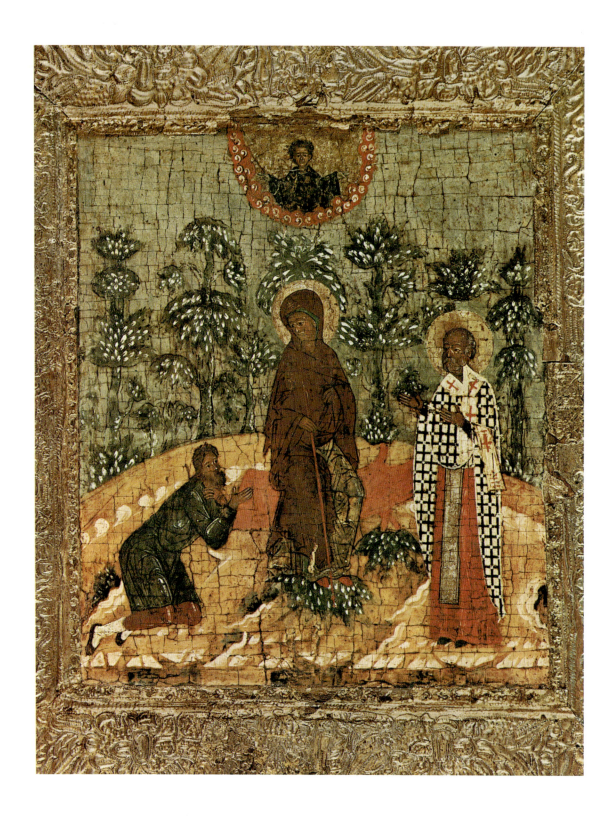

Gottesmutter der Belehrung

SANFTMUT UND GEWALTSAMKEIT

Dieser anmutigen Ikone der belehrenden Gottesgebärerin liegen verschiedene, teils sich widersprechende Legenden zugrunde. Nach einer dieser Legenden[1] soll ein Kirchendiener, der Küster Jurij, im Jahre 1383 anläßlich der Renovation einer Kirche in der Gegend von Novgorod ein eisernes Kreuz auf dem Dachfirst befestigt haben. Bei dieser Gelegenheit stürzte der unglückliche Kirchendiener kopfüber vom Dach. Während des Sturzes betete er zur heiligen Gottesgebärerin und überstand den Unfall ohne jede Verletzung. Diese wunderbare Rettung wurde der Hilfe der Gottesmutter von Tichwin zugeschrieben, deren Bild, wie es heißt, soeben unterwegs war, um die neurenovierte Kirche zu inspizieren. Sie erschien dem erschütterten Jurij in einer Vision und belehrte ihn darüber, daß auf Kirchen keine eisernen Kreuze aufgerichtet werden dürfen. Diese müßten aus Holz sein, habe doch ihr Sohn, Jesus Christus, an einem hölzernen Kreuze gehangen.

Nach einer Variante der Legende trug eine alte Kirche, die der Entschlafung Mariens geweiht war, ein hölzernes Kreuz, eine neue sollte aber, nun der Geburt der Maria geweiht, ein eisernes Kreuz erhalten.[2]

Wie auch immer: Jedenfalls tauchen im 14. Jahrhundert Fragen auf in bezug auf die Verwendung von Eisen für das christliche Kreuz. Die neue Tendenz, Holzkreuze mit Eisen zu schmücken, forderte die traditions- und naturgebundene Bevölkerung zum Widerspruch heraus. Eisen erinnerte sie an die Nägel, die den Leib Christi so qualvoll an das Kreuz hefteten. Die Verwendung von Eisen verstieß, mit Recht, gegen ihr Gefühl.

Überlegt man sich kurz, was an Eisen, was an Holz so verschieden sei, so mag uns der Einfall hart und weich kommen. Eisen liegt hart, schwer und kühl in der

Hand, Holz fühlt sich wärmer, leichter, lebendiger an. Im Eisen ahnen wir verwundendes, im Holz vertrauenerweckendes Material. Eisen kann im Schmelzprozeß zwar seine Gestalt verändern, Holz jedoch hat die Kraft, von sich aus zu wachsen und neu auszuschlagen. Selbst totgeglaubte Bäume lassen neue Triebe sprossen und werden uns zum Hoffnungs- und dem Christen zum Auferstehungszeichen.

Es liegt auf der Hand, daß der Konflikt »Holz oder Eisen« im tiefen Wissen darum wurzelt, daß es beim Kreuz um das Holz des Lebensbaums geht; bei dem mit diesem Holz verbundenen Menschen um den immerwährenden Lebensprozeß. Nicht an ein starres, eisernes Kreuz gehört der Menschensohn, sondern dem natürlichen Wachstum eines Baumes ist er eingebunden – und wir mit ihm. So verstehen wir auch, weshalb und in welcher Weise das Kreuz lebenspendend sein soll.

Zu Holz und Eisen können uns aber auch die Begriffe weiblich und männlich einfallen. Betrachten wir das Bild:

In der Mitte sitzt die Gottesgebärerin auf einem gefällten Baum, dessen Äste neu ausschlagen. Sie wendet sich dem zu ihrer Linken knieenden Jurij zu, der ängstlich und bittend zu ihr aufblickt. Rechts steht der heilige Nikolaus mit fürbittender Handgeste. Die Gottesmutter belehrt soeben den vom Dach gefallenen Küster. Mit ihrem roten Stab fixiert sie das grüne Büschel zu ihren Füßen, wobei ihre roten Schuhe den Eindruck von Blüten erwecken. Es scheint, als ob die Gottesmutter sagen wollte: Hier liegt der springende Punkt! Der festhaltende Stab zeigt ihre geistige, zielgerichtete Kraft an. Sie macht den Kirchendiener auf das Phänomen des Wachstums aufmerksam, sprießt doch das Grün aus einem gefällten Stamm.

Der Stab der Gottesmutter kann mehreres bedeuten: Als Wanderstab deutet er ihr Unterwegssein an, als Botenstab ihre Mitteilung, als Bischofsstab steht er für die Belehrung und als »Stecken und Stab« ist er Symbol Christi, für dessen Leben und Leiden die Mutter hier letztlich eintritt.

Die Gottesmutter scheint auf der Erdrundung zu sitzen. Diese wird leise angedeutet durch die gewölbte Linie, die wie ein Horizont das Bild durchzieht.

Dieser Wölbung senkt sich von oben, segnend, die Himmelswölbung entgegen, oder doch, symbolhaft, der Kreis. Sitzt Maria hier als »Mutter feuchte Erde« und tritt für alles Sich-Bewegende, Wachsende, Organische ein? Wehrt sie sich gegen das Ansinnen eines starren, unfruchtbaren Kreuzes?

Hinter ihr blüht eine reiche Pflanzenwelt auf, als wollten alle Bäume gegen die Härte des Eisens mitdemonstrieren, ja, als wollten sie in eigener Gestalt zeigen, was lebendiges Leben heißt und wie mannigfaltig ein Kreuzesbaum sein kann. Das ganze Bild strahlt Wachstum aus: eine wahrhaft fruchtbare Situation! Gemäß der Legende soll das Kreuz aus dem Stamm gefertigt werden, auf welchem Maria sitzt.

Auf einer Parallel-Ikone trägt der wiederausschlagende Baum glockenblumenförmige Blüten und wieder hält die Gottesmutter eine der Blüten mit ihrem zielgerichteten Stab fest. Kein Zweifel, das Blühen ist gemeint!

Ein rätselhaftes Detail auf unserem Bild ist mir die merkwürdig borkige Darstellung des Rocks, der aus den Falten des Mantels hervortritt. Handelt es sich um eine Beschädigung der Malschicht? Oder wollte der Maler, vielleicht ganz unbewußt, die Mutter selber als lebendigen Baum erscheinen lassen, der gegen das eiserne Kreuz auftritt? Ganz ausschließen läßt sich eine solche Vermutung nicht; weiß man doch, daß den Slaven Bäume als heilig und beseelt galten. Tanne, Birke, Apfelbaum z.B. waren auch Mädchennamen. Unterstützt wird meine Vermutung durch die lustige Baumkrone, die Mariens Haupt und Heiligenschein umgibt und krönt. Bei dieser Ikone wird die nahe Verbindung spürbar, die der slavische, religiöse Volksglaube mit dem christlichen Gedankengut eingegangen ist. Die Erde ist so heilig wie der Himmel, das eine nicht denkbar ohne das andere. Diese Erde empfing die heilige Taufe einst gleichzeitig mit dem Volk. Der erdnahe, naturverbundene Glaube des Volkes gibt mancher russischen Ikone ihren ganz besonderen, das Gemüt ansprechenden Reiz.

Kehren wir noch einmal zum gefällten Baum zurück. Symbolisch gesprochen dürfte dieser das Ende einer geistigen Entwicklung andeuten, einen Wandel im Gottesbild. Zur Zeit der Entstehung unserer Ikone (16. Jahrhundert) wurde von der Bevölkerung ein bedeutsamer Entwicklungsschritt verlangt. Es nahte die Zeit der Spaltung in der Orthodoxie und der aufwühlenden Neuerungen Peters des Großen. Die kindlich-gläubige Welt des Volkes brach ein. Da war es tröstlich zu wissen, daß der Baum neu ausschlägt.

Schenken wir nun noch dem heiligen Nikolaus unsere Aufmerksamkeit. Auch er hat seinen wichtigen Platz im Bild. Beim Betrachten fallen die vielen schwarzen Kreuze seines Gewandes auf. Sie wirken wie reine Geometrie und Abstraktion. Als hätte er sich ausgerechnet mit den eisernen Kreuzen geschmückt, um die sich unsere Überlegungen drehen und die Anlaß zum Sturz vom Kirchendach waren. Will er uns das Problem so richtig vor Augen führen?

Da steht Nikolaus also, vom Gewand her gesehen Vertreter der eisernen Kreuze, ihm gegenüber die Gottesgebärerin, welche die ganze Natur hinter sich hat. Ein Kommentar sagt, Nikolaus vertrete hier die Kirche, um die Gottesmutter bei ihrer Belehrung zu unterstützen. Möglicherweise ist dem so. Nach meiner Auffassung übt er hier seine Funktion als »rascher Helfer« aus, als der er in Rußland verehrt wird. »Rasch« mußte seine Hilfe sein, da Jurij ja so unerwartet plötzlich vom Kirchendach fiel. Nikolaus steht mit fürbittender und erklärender Handgeste da. Er bittet für die Rettung Jurijs und für dessen Einsicht in die Lehre über die Verschiedenheit der Kreuze. Auf der erwähnten Parallel-Ikone hält er überdies das kleine weiße Tüchlein, Symbol für die geplagte Menschheit, in Händen, welches üblicherweise die Gottesmutter bei ihrer Fürbitte vor Gott bringt.

Jurij, und mit ihm eigentlich auch wir, sind hier gefragt, welchem Kreuz wir zuneigen, dem streng Ordnung stiftenden, oder dem Spielraum gewährenden? Es kann uns auch die Frage bewegen welches der so unterschiedlichen Kreuze uns selber auferlegt sei.

In der Ikonen-Reihe dieses Buches begegnen wir vielen Aspekten im Urbild der Gottesgebärerin. Wir erleben sie in allen ihren mütterlichen Eigenschaften, wir wissen um den geistigen Entwicklungsweg (in der Ikone »Mariä Einführung in den Tempel«), den sie bis zu ihrer Reife durchschreitet, wir bewundern ihr mutiges Einschreiten vor dem Richterthron, ihren Gang durch die Höllenqualen, ihr eigenes Leiden. In diesem Bild lernen wir sie auch als geistige Lehrerin kennen. Sie belehrt uns über die Natürlichkeit des Kreuzes: Der Mensch entgeht dem Kreuze nicht, weil er es in seiner eigenen Seele trägt. Über die Kreuzaufnahme kann nicht nur doziert werden; sie muß als innerer Wachstumsprozeß selbst erlebt und erlitten werden. Für diesen inneren Wachstumsprozeß kann allerdings nur das hölzerne Kreuz stehen. Nur dieses trägt in sich das Erbe des Lebensbaumes. Wir alle wachsen unter Leiden; gilt es doch, unermüdlich die Widersprüchlichkeiten unseres Wesens zu verbinden, zu einen, wie die Strebungen des Kreuzes sich ewig in der Mitte treffen und schmerzlich durchdringen. In Schritt, Gegenschritt und Fortschritt verwirklicht sich ein Lebensprinzip. Vor die Alternative Eisen oder Holz gestellt, sollen wir »natürlich« dem Holz zuneigen.

Abschließend ist nun noch der himmlische Kreis in der Bildmitte oben zu erwähnen. Aus ihm heraus segnet der junge Christus-Immanuel, auch er ein noch Wachsender, die Gruppe und die nützliche Belehrung. Sind es kleine Wolken im roten Himmelskreis? Oder sind es Tautropfen, die gleich labend auf die holzspendenden Bäume und die so klug belehrende Gottesgebärerin fallen werden? Ich möchte es hoffen!

Wie gut doch, daß der Kirchendiener vom Dache fiel – schmerzhaft für ihn zwar, aber erhellend für uns.

Am Ort der Erscheinung der belehrenden Gottesgebärerin wurde später ein Kloster gebaut, das Besednyi-Kloster[3], ein Männerkloster. Im Lauf der Zeit entstanden in ganz Nord-Rußland solche Männerklöster, alle der belehrenden Gottesmutter geweiht.

Die Gottesmutter Tichwinskaja, zu deren Bedeutungsraum unsere Ikone gehört, ist dem Typus der Hodegitria, der Wegweiserin, zuzurechnen: Sie erscheint oft auf einer Wolke oder reist auf dem Wasser. Wird sie auch über unserem Seelenspiegel erscheinen?

Heute erstrahlte, o Herrin, über uns in der Luft
Deine heilige Ikone wie eine glänzende Sonne.
Mit ihren Gnadenstrahlen erleuchtet sie die Welt;
das große Rußland nimmt sie als ein göttliches Geschenk
von oben
fromm entgegen und verherrlicht Dich, o Gottesmutter,
o Gebieterin des Alls, und preiset hoch vor Freude Christus,
unsern Gott.
Ihn aber bitte, Herrin, Königin, Gottesgebärerin,
daß Er alle christlichen Städte und Länder bewahre vor allen
Anschlägen des Feindes,
und daß Er erlöse alle, die gläubig niederfallen
vor seinem göttlichen und Deinem allreinen Bilde,
o unvermählte Jungfrau.[4]

Deesis – Fürbitte

FEUERPROBEN BESTEHEN

Auf diesen Ikonen aus dem 15. Jahrhundert sehen wir die Gottesgebärerin und Johannes den Vorläufer in ihrer Funktion als Fürbitter der Menschheit: Personifikationen der Fürbitte, ja der »nieschlafenden Fürbitte«. Das »Nie-Schlafen« verleiht dieser Fürbitte Ewigkeitsaspekt, als wäre in der Welt eine Kraft, die, stets wach, vermittelnd eingreift, wo Irdisches und Göttliches, Subjektives und Objektives aufeinanderstoßen; oder als bestünde eine Tendenz, stets von neuem den Kräfteausgleich herzustellen zwischen den so verschiedenen und sich doch bedingenden Bereichen.

Der Fürbitte-Typos soll aus dem koptisch-alexandrinischen Raum stammen und im 5.-6. Jahrhundert entstanden sein. (Es wird auch Griechenland als Ursprungsort genannt.)

Diese Bilder entstanden in Twer (Rußland). Korrekterweise sollte die Fürbitte-Ikone drei (oder mehr) Figuren zeigen: Links steht die Gottesmutter, rechts Johannes der Vorläufer (Täufer) und in der Mitte, auf dem Richterstuhl thronend, Jesus Christus. Mir liegen nur die Bilder der beiden Gestalten links und rechts vor, nicht aber die Bildmitte Jesus Christus; ich versuche aus der Not eine Tugend zu machen: Ich erlaube mir dies, weil heute vielen unter uns Christus, insbesondere als Richter, abwesend ist, wie in dieser Deesis-Ikone. Es mag sich bei unserem Bild als hilfreich erweisen, nicht nur als Notlösung, wenn wir die leere Stelle mit einem gedachten oder erfahrenen, wenn auch abstrakten Begriff füllen: mit dem mehrfach erwähnten Begriff des Selbst. Ich habe ihn in meiner Einführung erläutert und erinnere noch einmal daran, daß das Selbst unter anderem als bewegende Kraft und psychischer Ablauf verstanden wird. Von dieser Wesensmitte gehen Impulse aus, die uns leiten und beleben. Als »zentraler Anordner«[1]

richtet und korrigiert uns das Selbst, oder genauer, wir richten uns nach ihm. Jeder kennt Redensarten wie: »Im Tiefsten getroffen sein«, oder: »Mein Gewissen schlägt mir«, oder: »Von ganzem Herzen«, die alle besagen, daß unser innerster Kern in Schwingung versetzt wurde. Auch das Wort »selbstverständlich« bekundet, wo ein Richtpunkt wäre und weist hin auf dieses Grund-Richtige. Wir sind also bereits beim »richten« und ausrichten und der erwähnte »zentrale Anordner« wird zum symbolhaften Ausdruck für den »Richter«.

Dieses lebendige, innere Zentrum gehört zum Wesen jedes Menschen. C.G. Jung nennt es »das Organ, mit welchem man das Göttliche erfährt«[2]. Er schlägt vor, Jesus Christus als Symbol des Archetypus des Selbst zu verstehen; ein ebenso kühner wie fruchtbarer Gedanke. Archetypen sieht er als Engramme in der menschlichen Seele, die bestimmte, dem Menschen eigene Merkmale und Verhaltensweisen bewirken. Sie sind ihm »Bild eines wahrscheinlichen Ablaufes«,[3] oder zeigen ein »habituelles Strömungssystem«[4]. Tauchen archetypische Bilder in uns auf, so sind sie stets emotional geladen und werden mit Seele und Leib erlebt. Solche Kundgebungen aus den Tiefenschichten unserer Seele lassen uns nie kühl; sie machen uns im Gegenteil heiß, lassen das Herz schneller schlagen und verursachen beides: Tiefe Trauer wie unbegreifliche Seligkeit.

Unser Bild zeigt die Gottesgebärerin im braunpurpurnen Maphorion: Braun-purpur steht symbolisch für Erde und Himmel, für menschlich und göttlich. Ihre Hände sind, trotz Fürbitte, nicht zum Gebete gefaltet: Mit Fürbitte ist ein anderer Vorgang gemeint als Beten und Bitten für andere. Ihre Hände scheinen etwas darzulegen, als würde die Gottesmutter dem Richter, vor dem sie steht, einen zu verhandelnden Gegenstand unterbreiten. Mit handelnden Händen bringt sie etwas vor. Ihr Gesichtsausdruck ist anmutig, doch ernst; der Blick wehmütig und besorgt. Die zarte Neigung ihres Hauptes deutet Demut an, gleichzeitig liegt darin sanftes Beharren, ein leises »doch«!

Ein herrlich-orangefarbener Nimbus umstrahlt das Haupt der Gottesgebärerin. Die Farbe Orange entsteht, wo Licht und Materie sich durchdringen: Zeichen dafür, daß die Gottesmutter in sich Göttliches und Menschliches vereinigt und deshalb in besonderer Weise befähigt ist, Vermittlerin zwischen zwei Polen zu sein. »Unversöhnliches zu versöhnen« ist ihr zugedacht (Akathistos-Hymnus). Sie ist Dienerin am schwierigen Werk der Vereinigung von Gegensätzen.

Maria gegenüber steht Johannes der Vorläufer. Hände, Haltung und Gesichtsausdruck sind denen Marias ähnlich. Aus seinem zweiteiligen Gewand ist seine Zwienatur, die zwei Aspekte seines Seins und Wesens abzulesen: Vom Bilde her eine eigenartige Mischung von kreatürlich-animalischen und heilig-ehrfurchtgebietenden Zügen. Einerseits trägt er das Fell des Tieres, anderseits das von Menschenhand gewobene Gewand. Das Bild zeigt ihn als Asket. Als Künder geht er, wie der Name »Vorläufer« es ausdrückt, den kommenden Veränderungen voran. Als Mahner steht er prophetisch an der Schwelle zwischen Altem und Neuem Testament, ein Mensch der Übergangszeit, an zwei Bereichen und zwei Zeiten partizipierend. Er ist Christi Wegbereiter, indem er den Menschen Jesus tauft, ihn in sein »Amt«, ein Christus zu sein, einweiht. Taufen geht etymologisch auf das Wort »dupjan« = tieftauchen zurück.

Johannes wird in der Ostkirche als »Bürger der Wüste« und als »Engel im Fleische« bezeichnet. Auf anderen Ikonen wird er dementsprechend mit feuerroten Flügeln dargestellt. Als eindrückliche Präfiguration Christi weiß er, daß der animalische Aspekt seiner Natur abnehmen muß zugunsten der nun sich entwickelnden geistigen Natur, gemäß dem Muster und der Aufforderung in Johannes 3,30: »Jener muß wachsen, ich aber abnehmen«. Die Entwicklung, die in der Welt und in der Zeit stattfindet, geschieht auch in seiner eigenen Seele. Er versteht sich als Rufer in der Wüste. Nicht nur erhebt er seine Stimme, sondern er erlebt sich auch als personifizierte Stimme, »ich *bin* die Stimme eines Rufers«, die das Neue, die Wandlung voraussagt und vorauslebt. Es beeindruckt mich die eigenartige Identität seiner Person mit seiner Lebensaufgabe, wie wenn in ihm der Begriff des Archetypus vergegenwärtigt wäre: Gestalt und Idee in einem.

Auf dem Bild sehen wir eine merkwürdige Gewandfalte, die von des Täufers Herzregion direkt zum Kehlkopf führt. Sie hat andeutungsweise Mandorlaform. Die Mandorla gehört symbolisch zur Geburt. Die »Stimme«, der »Ruf« des Täufers wird im griechischen Text mit dem Wort »krazo«[5] angegeben. »Krazo« hat den gleichen Wortstamm wie die Wörter »krächzen, kreischen, kreißen«. Es meint also einen Urlaut, einen Geburtsschrei, der noch keine Verbalisierung gefunden hat, der aber dem neuen Zeitalter existentiell Ausdruck gibt. Aus seiner Seelentiefe heraus »weiß« der Prophet, was die Zeit bringen wird.

Ich verstehe die Zwienatur des Johannes als ein vorläufiges Vor-Bild für die Gestalt Jesu Christi, der auch zwei Naturen trägt: Wahrer Mensch und wahrer Gott. Die Doppelnatur, die in Johannes angelegt ist, »Bürger der Wüste« und »Engel im Fleische«, prädestiniert ihn zum Vermittler, zum Fürbitter überall dort, wo Altes und Neues, Göttliches und Menschliches miteinander in Einklang gebracht werden müssen.

Das Bild der Fürbitte, Deesis findet sich auf jeder Ikonostase, bald größer, bald kleiner. Es bildet die Mitte des gleichnamigen Ranges (Deesis-Rang). Die Bilderwand hat – wie bereits angedeutet – mehrere Ränge. Der Deesis-Rang heißt im Russischen »Tschin«. Tschin bedeutet: Ordnung, Wohlordnung, Regel, Versammlung, Verpflichtung, Erwartung, Vorgang. Das erinnert an die Idee der ägyptischen Maat. Die Göttin Maat steht für die Wohlordnung, das richtige Maß, die Ausgewogenheit, das sinnvolle Gleichgewicht. Ein vollständiger Deesis-Rang zeigt außer den drei erwähnten Figuren stets die Erzengel Gabriel und Michael, die Apostel Petrus und Paulus, Propheten und Heilige. Sie alle sind miteingeschaltet in den Vorgang der Fürbitte, des Einstehens für die leidende Menschheit. Daß dies ein Vorgang ist, bekundet auch die zur Mitte zu Christus hingeneigte Haltung der Figuren. Fürbitte heißt, wie wir noch sehen werden, Schritte unternehmen. Die Welt wäre in Ordnung, wenn sie in einem sich bewegenden Gleichgewicht wäre (siehe die Symmetrie des Bildaufbaues): Der Tschin versinnbildlicht die Ordnung des kommenden Aeons, wo die ganze Welt von Gott durchwaltet ist.

Die Fürbitte unserer Bilddarstellung soll beim Jüngsten Gericht stattfinden. Diese Ikone basiert u.a. auf den Visionen des Daniel (Daniel 7,9-14). Ich führe einige Stellen aus diesem Abschnitt an:

Ich schaute, da wurden Throne aufgestellt und ein Hochbetagter setzte sich nieder. Sein Gewand war weiß wie Schnee und das Haar seines Hauptes rein wie Wolle, sein Thron war lodernde Flamme und die Räder daran brennendes Feuer. Ein Feuerstrom ergoß sich und ging von ihm aus. Tausende dienten ihm und... Zehntausende standen vor ihm. Das Gericht setzte sich nieder und die Bücher wurden aufgetan...

Ich schaute: da wurde das Tier getötet, sein Leib vernichtet und dem Feuerbrand übergeben...

Ich schaute in den Nachtgesichten und siehe, mit den Wolken des Himmels kam Einer, der einem Menschensohn glich und gelangte bis zu dem Hochbetagten und er wurde vor ihn geführt. Ihm wurde Macht verliehen... Seine Macht ist eine ewige Macht, die niemals vergeht...«

Diesen Visionen folgend entstanden Vorstellungen, wonach ein Feuerstrom durch die Welt fließen und im Sinne der Läuterung alles Ungute versengen werde. Möglicherweise ist der Satz »und das Tier wird getötet« in diesem Zusammenhang zu verstehen. Wo dieser Feuerstrom hervorbricht, walten die zwei Fürbitter unserer Ikone ihres Amtes.

Im orthodoxen Kirchenraum ist der Ausgangsort des Feuerstromes durch die »solea« symbolisiert, d.h. durch die Stufe zwischen Altarraum und Kirchenschiff: »Diese Stufe bedeutet den feurigen Fluß, der laut Apostel Paulus (1.Kor.3,12-15) das Werk eines Jeden prüfen wird. Da an dieser Stelle die Kommunion der Gläubigen stattfindet, kann man annehmen, daß diese Bedeutung der solea mit der Kommunion besonders verbunden ist. Als Übergang vom Schiff in den Altarraum, Ort ihrer Verbindung und gegenseitigen Wirkung, ist die solea gleichzeitig Ort der Prüfung eines Jeden.«[6]

Soviel ich eruieren konnte, entstand die Fürbitte-Ikone auch aufgrund der zahlreichen Flehgesänge der byzantinischen Hymnendichtung und der orientalischen Legenden, welche den »Gang Mariens durch die Höllenqualen«[7] zum Inhalt haben. Diese Legenden erwecken den Eindruck, sie seien, gleichsam weibliche Varianten, inspiriert von den Vorstellungen der »Höllenfahrt Christi«, die im apokryphen Evangelium des Nikodemus geschildert sind und auf manchen Auferstehungs-Ikonen dargestellt werden.

Aus einer der Legenden geht hervor, weshalb die Gottesgebärerin als Fürbitterin vor dem Richterstuhl Gottes steht. Ich erzähle die Legende gekürzt: Die Gottesmutter bittet Gott, der Erzengel Michael, Kämpfer gegen das Böse, möge herabsteigen und ihr von den Strafen im Himmel und auf Erden berichten. Sie zeigt damit ein ähnlich kritisches Interesse wie es einst Eva an der angebotenen Frucht bekundete. Diese wie jene will *wissen*. Der Erzengel steigt mit vielen weiteren Engeln vom Himmel herab und teilt der Gottesmutter mit, »der Strafen seien unzählige«. Auf Marias ausdrücklichen Wunsch zeigt Michael ihr alle Verdammten in der Hölle, »eine gewaltige Menge Männer und Frauen«. Überall ertönt deren Wehklage. Ihren Rundgang durch die Hölle will Maria »im Süden, wo der Feuerstrom entspringt«, beginnen. Was ist das für ein Ort, den Maria sich ausgesucht hat? Mindestens läßt sich sagen, daß sie direkt den Ausgangspunkt des »heißen« Geschehens anzielt. Da der Feuerstrom aus dem Richterstuhl hervorgeht, steht sie am Ort der Entscheidung. Hier wo göttlicher Wille und menschliches Leiden aufeinanderprallen, will sie *sehen* und womöglich mildernd *eingreifen*. Vielleicht entspricht unser eigenes, brennendes Gewissen dem Bild des Feuerstromes. Heiße Konflikte können auch bei uns eine Läuterung, einen Umschmelzungsprozeß bewirken; allerdings nur dann, wenn wir so mutig und kompromißlos wie Maria mitten in den Kern des brennenden Konfliktes treten.

Im weiteren Verlauf der Legende begleitet die Gottesgebärerin den Erzengel durch alle Stationen der Hölle. Sie will jede Art von Schuld und Strafe sehen. Als mutige und realitätsbezogene Frau verdrängt sie das Böse nicht, sondern läßt sich davon berühren. Obwohl sie »erschaudert« und »unendlich mitleidet«, harrt sie aus bis sie alle Leiden gesehen hat. So wird sie zur Wissenden. Bei jedem Sünder stellt sie die Frage, wie er gefehlt habe und bei jedem einzelnen vergießt sie Tränen, solchermaßen ihr Mitleiden bekundend und übend. Aufmerksam, differenzierend und urteilsfähig, wie sie ist, findet sie die Strafe einmal gerecht, einmal ungerecht. Sie unterscheidet genau, wer seine Strafe verdient hat und wer nicht. Ganz diskret kritisiert sie dabei die Ratschlüsse Gottes in dieser Sache. Tatsächlich sollen Ikone und Legende auch entstanden sein wegen der vielen auftauchenden Fragen in bezug auf den »gütigen Gott« und die Probleme, die ein solch einseitiges Gottesverständnis schon damals aufgeworfen hat (5.-6. Jahrhundert). Die furchtbaren Strafen und Höllenqualen veranlassen dann in der Legende die Gottesmutter bei Gott fürbittend einzuschreiten. Wahrlich, ein kühnes Unterfangen! Sie stellt Gott zur Rede und mit ihm auch einige Persönlichkeiten, denen ein Einschreiten wohl angestanden hätte. Wir hören ihren vorwurfsvollen Ton, wenn sie fragt: »Wo ist Moses, der Prophet? Wo alle Propheten? Wo seid ihr Patriarchen? Wo ist Paulus, der Liebling Gottes? Und wo ist die Macht des Heiligen Kreuzes, die Adam und Eva vom Fluche erlöste?« Eine ganz und gar unbequeme Frau ist die Maria der Legende. Und welche brisanten, theologischen Fragen sind in dieser Legende angetönt! Auf Marias dringliche Ermahnung hin melden sich schließlich die frommen Männer – deshalb sind sie auch auf der Fürbitte-Ikone, dem Deesis-Rang abgebildet – und flehen gemeinsam mit ihr um Gnade und Barmherzigkeit für die Gequälten. Alle Engel schließen sich der Fürbitte an, und endlich erbarmt sich Gott der Verdammten: »Von Gründonnerstag bis Pfingsten sollen sie fortan ohne Qualen sein, auf daß sie den Vater, den Sohn und den Heiligen Geist loben«.

Die Gottesgebärerin und Johannes der Vorläufer, die Verkünder eines gewandelten Menschseins, schalten sich also zwischen Gott und Mensch ein und zwar dort, »wo der Feuerstrom entspringt«, d.h. im Brennpunkt des Geschehens, des Konfliktherdes. Mit dem Stichwort »Brennpunkt« nähern wir uns dem, meiner Ansicht nach, eigentlichen Gehalt der Fürbitte-Ikone und dem Wesen der Fürbitte. Dazu zeige ich hier ein weiteres Bild, das den Brennpunkt darstellt und führe den Begriff der Interzession ein. Interzession kommt vom lateinischen Verb »intercedere« und heißt: Dazwischentreten, Einschreiten. Dem Wort »cedere« sind viele Bedeutungen eigen. Es lohnt sich, sie anzusehen. Cedere heißt einmal: gehen, einherschreiten, vonstatten gehen; dann: zufallen, zuteil werden, anheimfallen, widerfahren; und: weggehen, scheiden, weichen, sich fügen, unterordnen, nachgeben.

Aus diesen vielen, scheinbar widersprüchlichen Bedeutungen wird ersichtlich, daß der Vorgang der Interzession der größten Flexibilität der Interzedierenden bedarf. Diese müssen sowohl mutige, zielgerichtete Schritte unternehmen, wie auch willens und fähig sein, sich zu bescheiden, ja nötigenfalls sich dem Unabänderlichen zu fügen, dem sie und ihre zu Betreuenden anheimfallen. Ein Fürbitter ist nicht Anwalt der einen Partei; er vertritt die Rechte beider. Mitten in die polaren Gegensätze, in den Kern des heißen Problems schiebt er sich ein und leistet dort doppelte Solidarität. Schon Hiob beklagte das Fehlen eines solchen Mittlers in seinem Ringen mit Gott: »... es ist kein Schiedsrichter zwischen uns, der seine Hand auf uns beide legte« (Hiob 9,33).

»Fürbitte meint effektive, nicht affektive Solidarität«, so hörte ich einmal in einer Predigt. So gesehen hätte diese Ikone gerade heute uns viel zu sagen. An ihrer Sinntiefe könnten sich Diplomaten, Vermittler, Fürsorger, Analytiker, Therapeuten und Fürbitter jeder Art orientieren, Richtung und Richtiges finden.

Die Gottesgebärerin und Johannes sind miteingeschlossen in den glühenden Feuerkern, in welchem Christus der Weltenrichter thront. Er sitzt nicht auf einem Richterstuhl, sondern auf einem doppelten Regenbogen. Wir erinnern uns, daß der Regenbogen das Zeichen der Versöhnung zwischen Gott und Mensch ist. Ein Bogen zwischen zwei Polen bedeutet aber auch Spannung, flexible Verbindung, vibrierende Berührung.

Vermutlich wollte der Maler mit seiner Darstellung auch darauf hinweisen, daß es sich beim Richterstuhl nicht um den Sitz in einem Gerichtsgebäude handle; geht es doch hier nicht um juristische Gerechtigkeit, sondern um eine neue geistige Ausrichtung im Sinne des Richtig-Werdens, der inneren Ordnung, des Zentriert-Seins, der Ganzheitlichkeit. Die Bibel verwendet die Bezeichnung »Gerechtfertigter« für einen Menschen, der durch einen Läuterungsprozeß zu seiner inneren Ordnung gefunden hat.

Ein Richter, zur Zeit Jesu Christi, war kein juristischer Beamter, sondern ein zum Richtpunkt und Markstein Berufener, den Gott dem Volke Israel auf dessen Notschrei hin, in Zeiten der Bedrängnis und der Orientierungslosigkeit erstehen ließ. Einer der ersten Richter war übrigens eine Frau: Deborah (5. Richter 12,3). Ein Richter war politischer *und* religiöser Führer. Bei der Überlegung, weshalb die Gestalten der Gottesgebärerin und des Johannes mit der Fürbitte betraut wurden, will mir richtig (in doppeltem Sinne) und sinnvoll erscheinen, daß ihr je eigenes Wesen sie

zu diesem Amt prädisponiert. Es leuchtet mir auch ein, daß bei jeder wirksamen Interzession weibliche wie männliche Kräfte und Wesensarten mitwirken müssen; sei dies bei der Lösung eines inneren Zusammenpralls gegensätzlicher Strebungen, sei es bei der Vermittlung in einem äußeren Konflikt. Gebraucht wird immer beides: Gefühl und Verstand, Ausharren und Tatkraft, Liebe und Drohung. Soll endlich Ungutes, Unechtes, Überflüssiges, Überholtes weggeglüht und fallen gelassen werden, so müssen die vitalen Kräfte, der heilige Eifer, die ich in Johannes sehe und das geistig-sensible Mitgehen, das leise Beharren, das ich Maria zuordne, wirken. Wir benötigen den Mut beider, sich dem eigenen heißen Konflikt zu stellen, und die Fürbitte beider, wenn wir mit unserem Gott ringen.

Johannes ist der Mahner, er verspricht uns, Sich-Ändern sei jedem möglich, ja nötig. Aber es obliegt dem einzelnen, die Schritte zu unternehmen, die zu seiner Wandlung führen. Nehmen wir uns ein Beispiel an Jesus, der es nicht unterließ, hinaus in die Wüste zu Johannes zu gehen, wo er seinen Auftrag hörte, Sohn Gottes zu werden, zu sein. In der Wüste ging auch Jesus durch das läuternde Feuer, wenn wir an die Versuchungen denken, denen er ausgesetzt war. Daß er der Konfrontation mit dem Diabolischen auf dem eigenen Lebenswege nicht ausgewichen ist, läßt ihn, zu gegebener Stunde, zum autorisierten Richter werden.

Die Fürbitte Mariens wird auch heute erfleht, angerufen: Sie möge sich mit ihrer Einsprache für unsere Rettung einsetzen. Auf einigen Ikonen hält die Gottesmutter ein kleines, weißes Flachstüchlein in Händen. Es steht symbolisch für die leidende Menschheit, die sie Gott bittend und mitleidend vor Augen führt.

Abschließend möchte ich einige Gedanken des orthodoxen Gelehrten Paul Evdokimov erwähnen. Er vergleicht die Figuren der Gottesgebärerin und Johannes des Vorläufers dem chinesischen Begriffspaar Yin und Yang, dem weiblichen und dem männlichen Prinzip, dem alles Leben untersteht. Er sieht sie als »Lebenswirker« und als »Gedanken Gottes über das Weibliche und das Männliche«[8]. »Wer sie ansieht, richtet sich selbst (aus)«: Der Betrachter orientiert sich an zwei Grundprinzipien, welche dem »zentralen Anordner« (siehe oben) bittend, vermittelnd, ergänzend und mitbewirkend zur Seite stehen. Seelisch entsprechen ihnen die Wirkungen der Archetypen Anima und Animus, die je gegengeschlechtlichen Anteile in der eigenen Seele, die belebend wirken und uns mit dem Selbst, unserer Seelentiefe, verbinden. Wer mit seinem Selbst, seinem inneren Anordner verbunden ist, jenem »Organ, mit dem man das Göttliche erfährt«[9], der spürt etwas von jenen ewigen Strukturen und Bereichen, die dem Menschen schlechthin eignen. Er hat sich ausgerichtet nach dem inneren und transzendenten »Richter« und schwingt ein in eine größere Ordnung – wie es die Ikone zeigt: Tschin, die Wohlordnung, das richtige Maß, der ausgewogene Prozeß.

Vielleicht erlebt er nun, wie sein individuelles Unbewußtes am kollektiven

Unbewußten partizipiert und daß gleichermaßen sein persönliches Bewußtsein mitverantwortlicher Teil des kollektiven Bewußtseins seiner Zeit wird. Diese Erfahrung wird, so Gott will, nach dem Bestehen der »Feuerprobe« an sich selbst und vor dem großen Objektiven möglich; sie kann, für Augenblicke, das Gefühl des Friedens und der Aussöhnung mit sich selbst und der Welt mit sich bringen. Zeichen der Versöhnung ist mir auf unserem Bild der zwischen Himmel und Erde gespannte Bogen. Die interzedierenden Nothelfer haben ihr Werk getan und werden uns in ihrer je verschiedenen Wirkkraft und ihrem je verschiedenen Wesen zu Bild und Ausdruck der sich in einem Dritten einigenden Gegensätzlichkeiten.

Ich stelle, in Gedanken, unsere Ikonen wieder auf die Bilderwand zurück und lasse die liturgischen Texte sprechen[10]:

Troparion am Freitag der 8. Woche:

> **D**a Du als Gottesmutter offen sprechen kannst
> zu dem, der aus Dir geboren wurde,
> dem eingeborenen Wort,
> das mit dem Vater ohne Anfang
> und von gleichem Wesen mit dem Geist,
> höre nicht auf zu flehen,
> daß es (das Wort) aus Gefahren jene errette, ganz Tadellose,
> die Dich als Gottesgebärerin verehren.

Kanon des Johannes v. Damaskus, 8. Ode:

Einschlafen laß' meines Herzens
bewegte Leidenschaften, allreine Gebieterin,
durch Deine nie-schlafende Fürbitte;
doch aus dem Schlaf des Leichtsinns wecke mich auf,
damit ich mit wacher Seele singe:
Preiset, all ihr Werke des Herrn, den Herrn!

Flehen in Todesfurcht und Todesstunde:

Herrin, meine Herrin, erbarme Dich doch jetzt
der Seele, die keinen Ausweg kennt
und allein auf Deinen Schutz hinblickt.
Blicke nicht an mir vorbei, Gütige,
auf daß ich nicht den Dämonen übergeben werde.

Bittkanon für einen Sterbenden:

Mutter Gottes, schaue in den Abgrund und sieh,
wie die Seele, den Qualen übergeben, bestraft wird.
Beuge Dein Knie und weine,
daß durch Deine Bitten geneigt,
Er, der sein Blut für mich vergossen,
mich heimrufe!

Die Gottesmutter im Gespräch mit Johannes dem Theologen

INSPIRATION UND BINDUNG

Dies ist eine eigenartig schöne Ikone, zu welcher ich keinerlei Varianten gefunden habe. Ihre Entstehung ging vermutlich aus dem persönlichen Erleben und Bedürfnis einer Frau hervor: Die bulgarische Zarin Elena ließ dieses Bild im 14. Jahrhundert malen und schenkte es anläßlich des Todes ihres Vaters Konstantin dem Kloster Poganovo, das sie schon früher mit diesem gemeinsam gestiftet hatte. Man vermutet sicher zu Recht, daß der der Ikone eingeschriebene Name »Kataphyge« (= Zuflucht) hier nicht eine Wesensbezeichnung der Gottesmutter meint, sondern eher auf den Namen eines unterirdischen Raumes in der Kirche des erwähnten Klosters zurückzuführen sei, welcher Zufluchts- und Todesstätte des Heiligen Demetrios gewesen sein soll. Demetrios starb 306 als Märtyrer. Er wurde vor allem in Saloniki verehrt. Die Klosterkirche trug den Namen »bogomater acheiropoietos«, was heißt: Kirche zum »nicht-von-Menschenhand-gefertigten Bild der Gottesmutter«.

Unsicher, ob ich zu diesem Bild einen erhellenden Text finden würde, stieß ich rein zufällig auf eine Aufzeichnung des Gregor von Nyssa (4. Jahrhundert). Er schreibt von einer Vision, die er einst in einer schlaflosen Nacht gehabt hat und in welcher ihm die Gottesmutter im Gespräch mit Johannes dem Theologen erschienen war. Die beiden Figuren diskutierten über die Glaubenszweifel des Schlaflosen, und anschließend teilte Johannes dem ruhelosen Schläfer zu dessen Belehrung das Glaubensbekenntnis mit, wonach Gregor dieses niederschrieb.[1] Ob unser Bild diese Begebenheit aufgriff?

Ein anderer Text, Maria und Johannes zugeordnet, Johannes 19,25-27, lautet:

Beim Kreuze Jesu aber standen seine Mutter und die Schwester seiner Mutter, Maria, Frau des Kleopas und Maria aus Magdala. Als nun Jesus die Mutter sah und neben ihr den Jünger stehen, den er lieb hatte, sagte er zur Mutter: Weib, siehe Deinen Sohn! Hierauf sagte er zum Jünger: Siehe, Deine Mutter! Und von jener Stunde an nahm sie der Jünger in sein Haus.

Ob die eingangs erwähnte Stifterin der Ikone von diesem Text berührt war? Wir wissen es nicht. Er regt uns zum Nachdenken an.

Zu Beginn möchte ich etwas über ein im Bilde eingeschriebenes griechisches Wort nachdenken: »Homilie«. Es wird mit »Gespräch« übersetzt: die Gottesmutter im Gespräch mit Johannes. Schlägt man dieses Wort in einem theologischen Wörterbuch nach, so findet sich die Übersetzung: Gespräch, geistliche Rede, Predigtweise. Suche ich dasselbe Wort im griechischen Wörterbuch, so stoße ich auf eine überraschende Vielfalt an Bedeutungen. Sie sind in drei Gruppen geordnet.

1. Gemeinschaft, Zusammensein, Umgang, Verkehr, Verbindung, Freundschaft.

2. Sinnlicher Verkehr, fleischliche Gemeinschaft, geistiger Verkehr, Unterhaltung, Unterricht.

3. Zusammenkunft, Versammlung, Genossenschaft, Kreis, Verein.

Angesichts der vielen Bedeutungen, die das Wort »Homilie« hat, fragt man sich erstaunt, was hier gemeint sei, welcher Art die Beziehung zwischen Maria und Johannes gewesen sei. Wenn ihre Beziehung mit »Homilie« bezeichnet wird, muß man annehmen, daß es eine Begegnung auf allen Ebenen war, eine ganzheitliche Konfrontation. Dies mit »Gespräch« zu bezeichnen, ist zu karg. Ein bloßes Gespräch hätte auch kaum Anlaß zur Entstehung einer Ikone geboten.

Um dem Gehalt dieses Bildes näher zu kommen, habe ich die zweite Gruppe der erwähnten Wortbedeutungen gewählt: Sinnlicher Verkehr, fleischliche Gemeinschaft, geistiger Verkehr, Unterhaltung, Unterricht. Dabei vergesse ich die anderen Bedeutungen nicht, da sie mitbezeichnend sind für das Gewebe, das sich zwischen Maria und Johannes spinnt.

Ich erinnere daran, daß ich zu dieser Ikone keine Texte habe; ich vertraue deshalb meinen – gewiß spekulativen – Überlegungen. Wir versuchen, behutsam das Bild zu erwandern.

Was sagen uns die Farben? Beide Gestalten sind in Blau gekleidet, wenn auch in unterschiedlichen Blau. Für die Gottesmutter ist in der russischen Orthodoxie Blau nicht üblich (wir haben jedoch eine griechische Ikone vor uns). Ihre Farbe ist auf Ikonen stets das Braun-Purpur. Braun steht für – wie bereits erwähnt – ihren Erd-Aspekt, Purpur für ihren königlichen, heiligen Aspekt. Aus der blauen Darstellung lese ich das hier Gezeigte als ein geistiges Geschehen und den geistig-seelischen Aspekt Mariens, nicht so sehr ihre erdhafte Mütterlichkeit.

Entsprechend dem Text bei Johannes 19,25-27, wonach Maria einem neuen Sohn als Mutter übergeben wird, ließe sich hier an ihre Wandlung von der irdisch-leiblichen-persönlichen Mutter zu einer geistig-seelischen-überpersönlichen Mutter denken, zum Mütterlichen schlechthin. Wir können auch, dies würde dem Text durchaus nicht widersprechen, an ein seelisches Erlebnis denken, welches eine Frau in der Begegnung mit ihrem geistigen Partner hat, einem inneren oder äußeren. Ich meine damit solche Begegnungen, die sich zwar in Raum und Zeit, also in der Wirklichkeit abspielen, gleichzeitig aber Qualitäten der Raum- und Zeitlosigkeit haben.

Auch die Charakterisierung der blauen Farbe spricht durchaus direkt zu unserem Bild: »Blau wirkt in-sich-ziehend, introvertierend, passiv. Es ist den Nerven zugeordnet. Blau ist eine Macht, in der alles in Dunkel und Stille verborgen keimt und wächst. Es ist immer schattig und neigt dem Dunkeln zu. Es ist wie ungreifbares Nichts und ist doch gegenwärtig wie durchsichtige Atmosphäre. Blau zieht unseren Geist auf den Schwingungen des Glaubens in die Ferne der Unendlichkeit.«[2] Blau wurde zur Farbe des Glaubens und zum Träger des Geheimnisses. Durch die Verwendung von Blau auf Goldgrund möchte der Maler uns dem dargestellten Geschehen öffnen.

Das blaue Gewand der Gottesmutter ist durchmischt mit Rot und undefinierbarem Dunkel, was ihr Wärme und Substanz verleiht. Das Blau des Theologen hingegen ist kühl wie Stahl, oder lichter Himmel; mir ist es Ausdruck klaren Denkens und einer auf Logik gegründeten Standfestigkeit. An ihm ist nicht zu rütteln! Seine Beine und der Faltenwurf seines Gewandes scheinen tragenden Säulen nachgebildet. Die Hände der Gottesmutter sind verhüllt und Johannes zeigt uns nur seine belehrende Rechte. Es scheint, als sei beider Handlungsraum beschränkt; beide Gestalten sind gebunden in ihre je eigene Welt und Aufgabe. Die farbliche Leere zwischen ihnen signalisiert Distanz. Verbindung besteht, wie ich noch zeigen werde, nur in der Tiefe.

Sicher ist: Die Gottesmutter ist auf dieser Ikone nicht als »Zuflucht-gewährende« Mutter dargestellt. Eher wirkt sie wie eine etwas betretene, junge Frau: Ihr Blick, ihre Haltung stellen eine eigenartige Frage an den, zwar väterlich gesonnenen, aber doch kühl belehrenden Theologen.

Maria kommt mir »betreten« vor, – ein eigenartiges Wort: Was sagen wir damit? Man ist »betreten« – eine befremdende Berührung … Was »betritt« uns, das uns so fremd anrührt? Ich meine, Maria werde hier von einem neuen Geist betreten. Wird sie nicht immer wieder gepriesen als »geistiges Zelt«, als »Wohnstätte des Herrn«, als »Tempel des Heiligen Geistes«. Wird hier vielleicht der Augenblick des »Eintretens« des Geistes in das bereitete Zelt gezeigt?

Ich fächere diesen Gedanken etwas auf: Sehen wir im Bilde die Beziehung der Tochter zu ihrem »pater spiritualis«? Oder sehen wir das Erstaunen der Frau, die sich unversehens dem patriarchalen Geist-Aspekt ihres eigenen Wesens gegenübersieht? Jenem Geist-Aspekt, der von Gott kündet? Ist es ein innerer »Theologos«, der das Göttliche in der eigenen Seele an- und aussprechen will, im Sinne eines inneren Zeugungsvorganges? Oder findet hier die Begegnung zwischen geistiger Mutter und geistigem Sohn statt? Im Johannestext ist es Jesus, der der Mutter einen neuen Sohn und dem Sohn eine neue Mutter gibt. Auf der Ikone »Entschlafung der Gottesmutter« muß Jesus Christus selber die Seele seiner Mutter an sich nehmen, – ein Grundmuster, das psychologisch neu reflektiert werden müßte!

Auf unserer Ikone trägt Johannes nicht die Züge eines Sohnes, eines jungen Mannes, sondern die Züge des »alten Weisen«. Tritt im neuen »Sohn« uns Ewiges, immer schon Da-Seiendes entgegen, ein ewiger Wert, der mit dem Sinn des eigenen Lebens aufs tiefste verbunden ist?

Die beiden Figuren sind auf Goldgrund gemalt. Gold hat eine andere Qualität als Farbe. Es gehört dem Zeitlosen und Überirdischen an. Was vor solchem Hintergrund geschieht, darf nicht mit Maßstäben des Alltags gemessen werden und oft auch nicht mit den Kriterien der bloßen Vernunft.

Johannes und die Gottesmutter stehen auf grünem Boden. Bei der orthodoxen Trauung werden Braut und Bräutigam auf einen gemeinsamen Teppich gestellt. Es ist anzunehmen, daß dieser Teppich das beginnende gegenseitige Verwobensein, die gemeinsame Existenzgrundlage darstellt, das Beziehungsgeflecht. Diese Hochzeitssymbolik möchte ich hier miteinbeziehen. Auch hier gehen zwei Menschen eine Bindung ein, wenn auch anderer Art. Der grüne Standort unserer Figuren ist aufschlußreich: Grün ist eine Verbindung von Gelb und Blau, also eine Verbindung von Wissen und Glauben, oder auf das Bild bezogen, eine Befindlichkeit zwischen Wissen und Glauben, Wissen und Ahnen. Grün als Farbe des Wachsens und Werdens meldet: Diese Beziehung steht auf fruchtbarem Boden. Ich erinnere an die eingangs erwähnte Vision, in welcher Johannes durch die Begegnung mit Maria zur Ausformulierung des Glaubensbekenntnisses inspiriert wurde. Wozu Maria befähigt wurde nach diesem Erlebnis, legte ich anhand der Deesis-Ikone dar. Sie befaßt sich mit dem Gang Mariens durch die Höllenqualen und ihr mutiges Einstehen für die Gepeinigten vor Gott (s. S. 113 ff.). Grün als Farbe des Heiligen Geistes zeigt auch, welchem Geist diese Verbindung entspringt.

Kindlich-fröhlich muten uns die roten Pantöffelchen der Gottesmutter an; sie erinnern an die Schuhe der Prinzessin im Märchen. Weshalb sind sie hier betont und wie mit Flügeln geschmückt? Sollen sie etwa hinweisen auf die Beflügelung der Schritte? Tatsächlich schwingt in solchen, irrationalen Beziehungen etwas beseeligend Jugendliches, Euphorisches, Sinnliches mit.

Unser Bild ist unten durch ein rotes Band begrenzt und gehalten. Wäre es das Band einer unterschwelligen Liebe, das in dieser Begegnung beide hält und verbindet? Eine Liebe, die im Tagleben weder sichtbar noch lebbar ist, die aber dem Werk, das aus der Begegnung hervorgeht, den tragenden Grund und das schöpferische Feuer gibt. Das rote Band ist unterhalb des Rahmens, also im wahren Sinne »unterschwellig«.

Rot ist auch die Farbe der Macht; ihr können wir uns nicht entziehen. Rot läßt das Herz schneller schlagen und »steigert das bewußte Erleben und Fühlen bis zum Gefühl des All-Eins-Seins im Purpur«[3].

Stellvertretend für ungezählte, namenlose Paare möchte ich als Beispiel für die eben angetönte Verbindung Theresa von Avila in ihrer Bindung und Verbindung mit Pater Gracian nennen, aus deren schwieriger Beziehung der Orden der Karmeliter und viele Klostergründungen als gemeinsames Werk hervorgingen – ein Stück wahrer Kultur und Zivilisation. Theresa bezeichnete ihre gegenseitige Verbundenheit als »hochzeitlich anmutend«, ergänzte aber zugleich, daß sie weit über das Persönliche hinausgehe.

In heutiger, psychologischer Sprache bezeichnet man ein solches Geschehen nüchtern als »Übertragung und Gegenübertragung«, oder eine »psychologische Beziehung«. Es drängt sich die Frage auf, ob diese Formulierung der Sache gerecht wird. C.G. Jung vergleicht diese Art Begegnung einer »Begattung auf gehobener Stufe«. »Begattung« ist in der Tat eine in mehr als nur einer Hinsicht adäquate Bezeichnung vor allem aber deshalb, weil diesem Erlebnis stets köstliche Früchte entspringen, wenn nicht äußere, so doch innere.

Was dem Menschen in solch schicksalhaftem Erleben aufgeht und weshalb es von größter Auswirkung ist, will ich nicht in eigenen Worten sagen. Ich ziehe es vor, zwei Menschen zu zitieren, die es erlebt und darüber nachgedacht haben:

> *Letzten Endes muß jede echte Begegnung zweier Menschen als ein Mysterium conjunctionis aufgefaßt werden. Das lebendige Geheimnis ist immer zwischen Zweien verborgen und es ist das wahre Mysterium, das Worte nicht verraten und Argumente nicht erschöpfen können.*[4]

Vielleicht darf man noch hinzufügen: Es geht nicht nur um das »lebendige Geheimnis«, sondern auch um das Geheimnis der Lebendigkeit schlechthin.

Die andere Stimme:

Dich sahen sie in sich selber,
wenn sie sich gegenseitig betrachteten.
Deine Mutter sah Dich in jenem Jüngling,
und dieser sah Dich in Deiner Mutter.
O über die Schauenden, die Dich, mein Herr,
der eine im andern, zu jeder Zeit schauten wie in einem Spiegel.
Ein Beispiel gaben sie uns,
daß auch wir, der eine im andern,
Dich sehen sollen, o Erlöser![5]

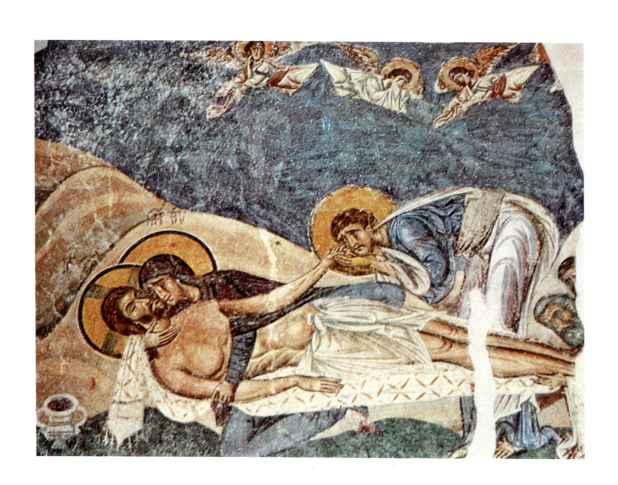

Die Beweinung

TRAUER UND EINUNG

Meine Gedanken zu diesem heiligen Bild, zu dem ich kaum Worte finde, lassen sich, mir selber überraschend, ausgehend von einem Gedicht Rilkes versprachlichen.[1]

> *Pietà*
>
> *Jetzt wird mein Elend voll, und namenlos*
> *erfüllt es mich. Ich starre wie des Steins*
> *Inneres starrt.*
> *Hart wie ich bin, weiß ich nur Eins:*
> *Du wurdest groß – … und wurdest groß, um als zu großer Schmerz*
> *ganz über meines Herzens Fassung*
> *hinauszustehen.*
> *Jetzt liegst Du quer in meinem Schoß,*
> *jetzt kann ich Dich nicht mehr gebären.*

Rilke zeichnet uns eine Gottesmutter, die, erstarrt ob dem unfaßbaren Geschehen, den toten Sohn zwar auf ihrem Schoß birgt, nun aber resigniert. Diese Darstellung der westlichen, sakralen Kunst ist uns aus vielen, ergreifenden Werken vertraut. Sehr anders jedoch spricht unser östliches Bild zu dem tragischen Geschehen. Wir betrachten eine Freske des 12. Jahrhunderts. Die Gottesgebärerin nimmt den toten Sohn mit einer heftigen Geste der Liebe an sich und in ihre Mitte. Wie einen Geliebten umfängt sie ihn, schließt ihn ein in ihren Leib, in ihre Seele und bringt ihn zum ewigen Dunkel, aus dem neue Geburt hervorgeht, ein Dunkel, aus dem auch dieser Sohn der Welt erschien.

Nicht in verzagender Demut harrt die Mutter; nein, leidenschaftlich zieht sie den Sterbenden an sich, als wolle sie, die Mutter des Lebens, Gott selber, der ihr solches antut, trotzen. Als Gottesgebärerin und Mitschöpferin des Menschlichen, kann sie nicht dulden, daß das von ihr hervorgebrachte und ausgetragene Werk nun einfach dahingerafft wird. Noch einmal hüllt sie den Sohn ein in die Farben Blau-grün und Braun-purpur, die zwei Farben, die sein Leben bestimmten: Himmel und Erde, zwischen denen er ausgespannt war. Zwei Bereichen hat er angehört, hat sie in seinem Wesen und Leben erlitten, verbunden und versöhnt, »wahrer Mensch und wahrer Gott« war ihm beschieden zu sein.

Auch der Jünger scheint dem Dahinscheidenden Kraft zu spenden; oder ist es ein letztes Nehmen und Geben, das sich in sanftem Schwung vom Toten zum Jünger und von diesem zurück spannt? Mit beiden Händen empfängt Johannes, was noch kommen will. Sein Gewand bauscht sich auf der Brust zu einem großen Ohr, ein hinweisender Strahl führt zum wirklichen Ohr: Er ist »ganz Ohr« für die letzten Worte seines Meisters. Nimmt die Mutter den *Leib* Christi in Liebe auf, so Johannes seine *Worte*. Mutter und Sohn bilden eine bewegte Einheit; ihre Gestaltung erweckt den Eindruck von Einung und Ganzheit. Maria scheint in dieser letzten Stunde den Sohn, das Bild des Sohnes und in diesem alles Männliche in sich aufzunehmen und in gleicher Weise zu assimilieren, wie Jesus Christus in der Assumptio (= Aufnahme in den Himmel) die Seele seiner Mutter an sich nimmt, dadurch seine eigene Ganzheit erreicht und in der Folge zum Erlöser wird. Vielleicht darf man sagen, daß Maria in der liebenden Aufnahme auch des toten Sohnes, den Tod als eine Seite des Lebens annimmt. Als Mutter des Lebens darf sie diesen Aspekt nicht ausklammern. In Parallele zu ihrem Sohn, der die Sünde der Welt trägt, fällt es ihr zu, den Tod der Welt zu tragen und ihn zu wandeln.

Zu Füßen des Toten sind Nikodemus und Joseph von Arimathia, die beiden treuen Begleiter des Grabgeschehens. Auch sie sind dem Herrn zugeneigt und haben ihn liebevoll auf grünes Gras gebettet. Goldlinien heiligen es. Oben wölbt sich das blaue Firmament. Was bedeutet der Kelch zu Häupten des Toten? Ist es der geleerte Leidenskelch? Oder soll er die Tränen der Mutter, der Menschen fassen?

Das hinter Mutter und Sohn sich öffnende Grab gleicht nicht der düsteren Gruft anderer Darstellungen. Unsicher, ob ein Erdhügel gemeint sei oder etwa eine aufgeworfene Ackerfurche, sinne ich Fragen nach, wie es mit der tröstlichen Vorstellung einer Rückkehr ins Erdendunkel bestellt ist, wo alle schmerzliche Differenzierung erlischt und wir von allem Erkennen-müssen befreit sind. Wo suchen wir unsere letzte Ruhe? In einem erhofften Oben oder in einem bergenden Unten? Gibt uns die Vorstellung der Rückkehr in den Schoß der Mutter Erde nicht ebensoviel Zukunftshoffnung wie die Vorstellung des Enthobenwerdens in die unerreichbare Ferne des ewigen Lichtes? Wissen wir nicht vom Weizenkorn, das, obzwar in der Erde begraben, doch zu gegebener Stunde neu keimt, sproßt und hundertfältig Frucht bringt? Was heißt »Leben nach dem Tode«, was »ewiges Leben«? Kann es nicht auch in dem bestehen, was wir wirkten? Leben wir nur im Jenseits fort oder auch in unseren Kindern und allen Menschen, denen wir verbunden waren? Tragen sie nicht alle kleine Lebenskeime aus unserm einstigen Vorrat weiter? Kann ich mein Leben nicht in dieser Welt so bewußt, vollverantwortlich und vollgültig leben, daß ich seine Vollendung nicht mehr in einem Jenseits suchen muß? Wäre nicht die ewige Ruhe eine gleichwertige Hoffnung wie das ewige Leben?

Doch zurück zum Bild. Bilder weisen über Worte hinaus und so sei daran erinnert, daß keiner der Evangelisten die dargestellte Szene beschreibt. Das Geschehen schwebt gewissermaßen zwischen Tod und Auferstehung. Dem unbekannten, aber warmfühlenden Malermönch mag es Unbehagen bereitet haben, daß das Evangelium der Not der Mutter nicht weiter gedenkt. Als Ergriffener hat er sich gefragt, was sich wohl abspiele zwischen Mutter und Sohn in diesem tragischen Augenblick. Es scheint, daß seine Gedanken miteingeflossen sind bei der Gestaltung der Freske.

Hier möchte ich erwähnen, daß viele vorchristliche Mythen das Motiv der Mutter mit ihrem toten Sohn kennen. Stellvertretend für andere seien nur einige genannt: Aruru und Lil im sumerischen, Ishtar und Tammuz im babylonischen und Isis und Osiris im ägyptischen Mythos. In diesen und ähnlichen mythischen Vorstellungen nimmt sich die Mutter, Schwester oder Geliebte des Toten oder Zerrissenen an, fügt ihn im Dunkel der Unterwelt wieder zusammen und läßt ihn als jungen Gott oder Helden neu auferstehen. Unsere Freske wurzelt also in sehr alten Schichten menschlichen Glaubens und menschlicher Problematik. Wie alle Ikonen übermittelt uns auch diese Freske Umrisse ewigen menschlichen Leidens und Seins. Ein Text des Karsamstags enthält ein Gespräch zwischen Mutter und Sohn. Die ersten Zeilen lauten:

»Wehklage mir nicht, Mutter, die Du im Grabe den Sohn schaust, den Du jungfräulich empfangen im Schoß. Denn ich werde auferstehen und werde verherrlicht werden. Und in Herrlichkeit ohne Ende werde als Gott ich jene erhöhen, die im Glauben, die in Liebe Dich preisen.«[2]

Wir, die wir gewöhnliche Menschen sind, erinnern uns mit dem Maler daran, daß der Tod eines Kindes zum schmerzvollsten gehört, was eine Mutter erleben und erleiden muß. Mit all unserer Liebe, all unserem Sinnen und Trachten wären wir bestrebt, unser Kind zu halten und zu retten. Wie oft mögen Mütter und Frauen aller Zeiten das Bild der Schmerzensmutter geschaut und sich in ihm aufgefangen gefühlt haben. Nicht wenigen Männern und Söhnen mag das Bild auch Trost und Ausdruck innigster Hoffnungen gewesen sein. Nicht jeder Mensch hat den realen Tod eines geliebten Menschen erlebt und miterlitten; vielleicht aber wissen wir alle von anderen Opfern, die wir bringen mußten: Tod in unserer Seele, Lebensmöglichkeiten, die uns verloren gingen, Vernichtung schönster Hoffnungen, Verlust lebendiger Impulse, Quellen, die versiegten. Jeder erleidet im Laufe seiner Entwicklung Teil-Tode in seinem Innern und verzweifelt darüber wie die Gottesgebärerin, die ihren Sohn dahingeben muß. Und wer unter uns klammert sich nicht bis zum äußersten an das zu Opfernde! Unendlich leidvoll ist es, sich von dem zu trennen, was wir selbst hervorgebracht und entwickelt haben, sei dies ein Kind, ein Werk, eine Ausbildung, eine Beziehung. All unsere kleineren und größeren Werke sind geistige »Kinder«. Ich habe sie an früherer Stelle dem »göttlichen Kind« zugeordnet. Dieses »Kind« oder diese Frucht, die uns so viel Sinn und Kraft schenkt, wieder zu lassen zugunsten neuer Entwicklungsschritte, kann ein wahres Opfer sein. Die Unterordnung des Ich unter das Selbst kann Leiden und Opfer bringen. Das Evangelium belehrt uns deshalb, daß es Jesus, der irdisch-menschliche Aspekt, ist, der stirbt und sich wandelt zum erhöhten, göttlichen Christus hin.

Auf allen Ebenen unseres Seins spricht die Ikone der Beweinung zu uns. In der Beweinung nimmt der Gläubige Teil an der Trauer des ganzen Kosmos und beweint die Tatsache, »daß der Mensch Hand an seinen Schöpfer legt«[3]. Es ist ein unbegreiflicher Widerspruch, daß Jesus, im Kreuzereignis scheiternd, den Tod überwindet und durch dieses Erleiden zum Retter wird.

Unser Bild folgt dem Troparion des Tages; es lautet:
»Der ehrwürdige Joseph, der Deinen allreinen Leib vom Holze herabnahm, hüllte ihn in ein reines Linnentuch und in wohlriechende Kräuter, besorgte ihn und setzte ihn in einem neuen Grabe bei.«[4]

Vielleicht war es die Erwähnung des Linnens, die in der Folge Anlaß zur Schaffung der kostbaren Grabtücher gab, die am Karfreitag auf den heiligen Tisch gelegt und verehrt werden. Auf ihnen ist der tote Leib des Erlösers aufgestickt.[5] Von diesen Kunstwerken geht eine unbeschreibliche Heiligkeit aus. Man spürt förmlich die unendlichen Seufzer und Tränen, die je Frauen über ihre Söhne und Geliebten geweint haben. Ihre kunstfertigen Hände scheinen die Trauer der ganzen Welt in das Linnen miteingewirkt zu haben. Eine Ahnung von heiligem Geist ergreift den betrachtenden Beter. Hände allein können solche Kunstwerke nicht schaffen; es sind die trauernden Seelen selbst, die durch sie zu uns sprechen, sprechen von der Beweinung, vom Weinen.

Sollten wir uns nun nicht selber befragen: Was bewirkt die Beweinung eines Schicksalschlages? Was sind mögliche Folgen des Nicht-Beweinens? Hören Sie den Unterschied zwischen Weinen und Be-weinen? Lassen Sie Ihr Weinen zu? Wie fühlen Sie sich, wenn Sie es nicht zulassen? Haben Sie schon über verschiedene Arten des Weinens nachgedacht? Sind Sie sich immer bewußt, worüber Sie weinen? Wissen Sie noch, daß Jesus sich Petrus in dem Augenblick zuwendet, als dieser zu weinen beginnt?[6]

Vielleicht macht das Nachsinnen über die Beweinung Sie jetzt weinen. Dann lassen Sie sich auf die Tränen ein, die das Bild in Ihnen löst. Seien Sie mit Ihren Nöten wie die Mutter, die den Sohn in Liebe beweint. Wer weint, läßt innere Quellen fließen, schafft neue Möglichkeiten, läßt die Mauern seines Herzens verschwinden, wie der Engel den Stein vor dem Grabe.

Enkomia am Karsamstagmorgen:

O Gott und Wort,
wie soll dein dreitägiges Grab ich ertragen?
Es zerreißt mir jetzt
das Herz wie allein nur einer Mutter.

Wer wird mir Wasser geben
und der Tränen Quellen,
schrie die Gottesbraut und Jungfrau,
damit ich meinen süßen Jesus beweine?

Ihr Hügel und Täler,
ihr Scharen der Menschen, wehe mir!
Klagt und weint allesamt
mit mir, der Mutter eures Gottes![7]

Die Frauen am Grabe

SCHWELLEN ÜBERSCHREITEN

Tagesanbruch – drei Frauen am Grabe.
Mystisch ihr Bild.
Alles in warmem Dämmerglühn –
Wo bleibt die Kälte des Grabes?
Tod, wo bleibt dein Stachel?

Die Frauen am Grabe.
Drei Frauen aus angewurzeltem Stamm –
Die weibliche Dreifaltigkeit.

Auffaltung des Weiblichen angesichts des Todes?
Ein Goldschleier über Allem.

Diese Ikone zeigt eine frühe Darstellung der Auferstehungsereignisse. Ihr vorausgehend gab es das Bild des Jona, der dem Walfischbauch entsteigt. Beide sind tastende Versuche, das Erlebnis der Nachtmeerfahrt, der lichtlosen Inkubationsphasen, der schweren Übergänge darzustellen und gleichzeitig deren Überwindung zu verkünden. Das frühe Auferstehungsbild der Balsamträgerinnen wurde aber als solches nicht anerkannt, sondern wurde durch das Bild des Niederstiegs Jesu Christi in die Unterwelt ersetzt. »Auferstehung wird geglaubt und verkündigt, nicht aber dargestellt«, lautete die Vorschrift. Als von niemandem gesehenes Ereignis bleibt sie Geheimnis und kann nicht bildlich dargestellt werden. Überraschend ist allerdings, daß die Höllenfahrt, obgleich so unsichtbar wie die Auferstehung, doch im Bild gezeigt wird und bis heute die zentrale Oster-Ikone der orthodoxen Kirche geblieben ist.

Als sehr früher Bild-Typos findet sich unsere Ikone zum ersten Mal Anfang des 3. Jahrhunderts in der Kirche von Dura Europos am Euphrat.

Die vorliegende Ikone wird Rubljew zugeschrieben und dementsprechend um 1430 datiert. Sie befindet sich im Dreifaltigkeitskloster des Heiligen Sergius in Sagorsk.

Die Ikone nimmt die Ereignisse der neutestamentlichen Texte bei Markus 15,43-16,8 (und deren Parallelen Matthäus 27,57-28,10; Lukas 23,50-24,11; Johannes 19,38-20,10) auf. Der Markustext 16,1-8 (siehe auch die Parallelstellen Matthäus 28,1-10, Lukas 24,1-12, Johannes 20,1-13) lautet:

Und als der Sabbath vorüber war, kauften Maria aus Magdala und die Maria des Jakobus und Salome Balsam, um hinzugehen und ihn zu salben. Und sehr früh am ersten Tag der Woche kamen sie zur Gruft, als die Sonne aufgegangen war. Und sie sagten zueinander: Wer wird uns den Stein von der Türe der Gruft wegwälzen? Und wie sie aufblickten, sahen sie, daß der Stein fortgewälzt war. Er war nämlich sehr groß. Und sie gingen in die Gruft hinein und sahen einen Jüngling zur Rechten sitzen, bekleidet mit einem langen, weißen Gewand; und sie erschraken. Er aber sagte zu ihnen: Erschrecket nicht! Ihr sucht Jesus von Nazareth, den Gekreuzigten; Er ist auferweckt worden, Er ist nicht hier. Siehe da den Ort, wo sie ihn hingelegt haben. Aber gehet hin, saget seinen Jüngern und dem Petrus: Er geht euch voran nach Galiläa; dort werdet ihr ihn sehen, wie Er euch gesagt hat. Und sie gingen hinaus und flohen von der Gruft, denn Zittern und Entsetzen hatte sie ergriffen. Und sie sagten niemandem etwas, denn sie fürchteten sich.

Das liturgische Troparion, gleichsam die Quintessenz, zum Tage der Heiligen Frauen lautet:

Der Engel, der beim Grabe stand, sprach zu den frommen Frauen: Die Myrrhe gebührt den Toten! Doch Christus ist unverweslich. Rufet vielmehr: Der Herr ist erstanden und brachte der Welt das große Erbarmen.[1]

Ein Hypakoi aus der Osterliturgie gibt den Gehalt wunderbar wieder – und dies als herrlichen Gesang während der Feier:

*Dem Morgengrauen eilten die Frauen um Maria voraus,
fanden den Stein vom Grabe weggewälzt.
Aus Engelsmunde hörten sie die Kunde:
Ihn, der im ewigen Lichte wohnt, was suchet als Menschen
Ihr ihn unter den Toten?
Die Grabtücher schauet!
Laufet und kündet der Welt,
daß erstanden der Herr, daß Er getötet den Tod.
Denn der Sohn Gottes ist Er,
der errettet der Menschen Geschlecht.*[2]

Ferner gehört zum Bilde das Kontakion des Karsamstages:

*Als Du den myrrhetragenden Frauen zuriefst: Freuet Euch,
hast Du die Klage der Urmutter Eva
durch Deine Auferstehung beendigt, Christus Gott.
Deinen Aposteln aber gebotest Du, zu verkünden:
Der Heiland ist aus dem Grabe erstanden!*

Unsere Ikone zeigt auf der linken Bildseite die in tiefe warme Farben gekleideten Frauen, mit Balsamgefäßen in ihren Händen: Maria aus Magdala, die »andere« Maria und Salome (je nach Evangelist auch wechselnd). In der Mitte befindet sich das leere Grab mit den abgelegten Hüllen, in der Regel je eine, für Haupt und Leib. Rechts sitzt der Engel – sehr weiß – auf dem »Stein, der vom Grabe weggewälzt wurde«, nicht um dem Auferstehenden den Weg frei zu machen, sondern im Gegenteil, um die Sicht auf das leere Grab zu ermöglichen – als Beweis, daß Auferstehung geschah, trotz des Steines. Der Stein soll Zeuge sein, daß der Körper des Toten nicht weggetragen wurde, sondern auf unerklärliche Weise entschwand. In psychologischer Betrachtungsweise könnte man es eine Befreiung ohne Änderung der äußeren Situation nennen.

Der Stein ist als rote Kugel dargestellt. Es bleibt dem schauenden Betrachter überlassen, welche Bedeutung er dem so dargestellten Stein beimessen will: Als Kugel kann dieser Stein jederzeit ins Rollen geraten. Als Feuerkugel entspricht er der »Dynamis«, dem Feuerkern, der aufgehenden Sonne. Als Erdkugel läßt er uns an die neue Welt denken, die jetzt anhebt zu sein.

Die rauschenden Flügel des Engels schwingen wie horchende Fühler den Frauen zu, legen jedoch den Bann der Unberührbarkeit über Engel und Grab.

Umstrittene Wesen, die Engel,
gleichsam eingekeilt
zwischen Gott und Mensch,
aber strahlend da,
im Ostergarten,
auf schwebender Grabplatte…

So dichtet die Benediktinerin Silja Walter, und fährt dann fort:

Durch den Engel hindurch
wird man Ihn sehen.
Engel sind nichts als
durchsichtig,
damit man Ihn sieht.[3]

Den abgelegten Hüllen ist der Körper entflohn; sie sind Zeichen der Unbesiegbarkeit Christi. »Hier geschieht nicht Rückkehr in die geschichtliche Wirklichkeit, sondern Verwandlung zu göttlicher Seinsweise« (L. Heiser). Die Theologin D. Sölle drückt sich so aus: »Man muß fragen, wohin Christus auferstanden ist. Doch wohl nicht in den Himmel, dann wäre sein irdischer Ausflug nur ein tragisches Intermezzo. Er ist auf dem Wege über das Bewußtsein einiger Leute in die Geschichte aller Leute auferstanden…«[4]

Das russische Wort für »Auferstehen« enthält interessanterweise in sich die Bedeutung »Funken aus dem Stein schlagen«. Das Erlebnis des plötzlich springenden Funkens erschien als adäquates Bild für die Erfahrung »Auferstehung«.

Frage ich mich selber, was mir Auferstehung bedeute, so melden sich mir Gedanken wie: Durchbruch zu neuem Leben, Erlösung nach überstandener Seelennacht, neuer Lebensfunke nach schwerer Leidenszeit, Leben auf neuer Stufe, Wesenswandel.

Wie aber kann ich »Grab« für mich verstehen? Grab ist mir alles, was mich einkerkert, mich beengt, Leben nicht zuläßt, mich abkapselt, mir meine Umgebung verfinstert. Verdrängung ist ein Stück Grab. Unterdrücken von Lebensimpulsen ist ein Stück Grab. Heißt es – mit gutem Sinn – nicht, mancher »schaufle sich das eigene Grab«? Kerkern wir uns nicht selber ein durch vieles, was wir uns auferlegen oder verbieten?!

Und welches ist mein »Stein«, den ich nicht wegzuwälzen vermag?

In einer orthodoxen Predigt fand ich als Antwort, daß der Stein als »Felsblock irdischer Sorgen« aufzufassen sei; Sorgen, die auf unserer Seele lasten und sie verschließen, wie der Stein das Grab. Mich überzeugt diese Deutung. Es ist zu hoffen, daß zu guter Stunde etwas oder jemand energisch an diesen, unsern Stein pochen möge; so wie die Gläubigen bei der Osterfeier an die geschlossenen Kirchenpforten klopfen, bis diese sich öffnen – wie einst das verschlossene Grab.

Befreiung aus dem »Grab« verstehe ich ferner als ein Freiwerden von Überlebtem, als ein Hinter-sich-lassen-Können von Gewesenem, als das Lösen eines fixierten Lebenszustandes, oder als glücklicher Abschluß einer schmerzlichen Durchgangsphase. Das Gefühl der Befreiung – oder Auferstehung – empfindet man vielleicht am deutlichsten, wenn neue Lebensimpulse, neue Entwicklungen, neue schöpferische Triebe sich melden.

Psalm 124,7-8 drückt diese Freude an der Befreiung in einem schönen Bild aus:

> *Unsere Seele ist wie ein Vogel,*
> *der dem Netze der Vogelsteller entronnen;*
> *das Netz ist zerrissen und wir sind entronnen.*
> *Unsere Hilfe steht im Namen des Herrn,*
> *der Himmel und Erde gemacht hat.*

Die zurückgelassenen Hüllen Christi weisen auf das Phänomen der Wandlung hin. Es geschieht eine Geburt zum eigentlichen Wesen und zu einem Leben auf anderer Stufe.

Auf diese Entwicklung und Entpuppung wird schon auf der Geburts-Ikone (vgl. S. 66) im Bild der sich lösenden Wickelbänder des göttlichen Kindes hingewiesen. Dasselbe zu lösende Wickelband begegnet auf der Ikone »Auferweckung des Lazarus«: Hier ist stets ein Mensch mit dabei, der den Stein wegwälzt und das beengende Band löst, ein »Entwicklungshelfer«.

Ruft uns dieses nur scheinbare Detail vielleicht auf, einander Steine wegzuschieben, der »Ent-wicklung« des anderen förderlich zu sein?

Die Figur – oder das Erlebnis – des Engels rechne ich zu den Grenzphänomenen: Sie sind erschreckend und ahnungsvoll zugleich. Der Engel ist mir Bote zwischen Hier und Dort, oder bescheidener, zwischen Bewußtsein und Unbewußtem. Etwas vom Wesen des Engels hat der Gedankenblitz, die Erhellung, die uns verändernde Erkenntnis, der zwingende Auftrag, die unerklärliche Beschwingung.

Der Engel auf unserm Bilde ist nicht männlich und nicht weiblich, sondern »anderen Wesens«, wie es heißt. Heiser bezeichnet den Engel als »geistige Ikone Christi«.

Dem Engel gegenüber stehen die drei Balsamträgerinnen. Sie sind es, die das unerklärliche Geschehen mit liebender Fürsorge umgeben, mit fragendem Herzen, mit wachem Sinn und mit duftenden Essenzen. Hier stehen sie, wie aus einem Stamm hervorgehend:
– Glutrot – Maria Magdalena
– Rot-orange – wohl Salome
– Braun-purpur – die »andere Maria«.

Welche »andere Maria« (vgl. Matthäus 28,1)? Wäre es die »veränderte« Maria? Maria, die Mutter Jesu, die nun zur überpersönlichen Mutter wird, Mutter eines Gottes? Sind die drei Gestalten nicht ein – und dieselbe? Die Farbenverwandtschaft ihrer Gewänder läßt Seelenverwandtschaft vermuten. Ihre Dreizahl übermittelt Bewegung und Fortlauf; sie läßt uns an die drei Nornen Urd, Werdandi und Skuld denken.

Hier muß ich die eigenartige Tatsache vermerken, daß die ostkirchliche Ikonographie Maria, die Mutter Jesu mit am Grabe sein läßt, obwohl keiner der Evangelisten ihre Anwesenheit erwähnt. Markus und Lukas nennen drei Frauen, Matthäus zwei und Johannes nur Maria Magdalena; Maria, die Mutter Jesu ist nicht unter ihnen. Die ostkirchlichen Überlegungen halten sich für ihre, vom Evangelium abweichende Darstellung an Argumente der Kirchenväter; diese lassen sich etwa so zusammenfassen: »Maria hatte bei der Verkündigung des Engels den Gruß ›freue Dich, Begnadete‹ vernommen, der den Beginn der Welterneuerung ankündigte und den alten Urteilsspruch über Eva, daß sie unter Schmerzen gebären sollte, aufhob. (Genesis 3,6ff) Sie hatte unter dem Kreuz durchgehalten; nun sollte sie zu den ersten gehören, die die Freudenbotschaft erhielten und sollte als Erste ihrem auferstandenen Sohne begegnen.«[5]

Gregor von Nyssa (4. Jahrhundert) schreibt[6]:

»... denn zuerst mußte das weibliche Geschlecht die Freudenbotschaft... durch den Engel erhalten und den Herrn sehen und als erstes aus seinem Munde das ›Freuet Euch‹ vernehmen. Hatte doch auch eine Frau, als Erste, den Betrug der Schlange vernommen, gegen das Verbot vom verbotenen Baum gekostet und war zur Trauer verurteilt worden. Darum gestattete der Erlöser zuerst ihnen, vor ihm niederzufallen und seine Füße zu umfassen; sie waren ja zuerst von ihm abgefallen und ihm entfremdet worden... Er wollte, daß eine Frau, da sie Adam Vermittlerin der Trauer war, den Männern auch Botin der Freude werde. Er heilte die Gegensätze durch gegensätzliche Mittel...

Zu glauben, daß die ›andere Maria‹ die Gottesgebärerin war, ist ganz folgerichtig; sie hatte sich vom Leiden Christi nicht zurückgezogen, sondern stand, wie Johannes berichtet, beim Kreuz. (Johannes 19,25) Es ziemt sich nun, daß sie die Freudenbotschaft verkündet, da Sie Wurzel der Freude ist und den herrlichen Gruß vernommen hatte: ›Freue Dich, Begnadete, der Herr ist mit Dir‹. Sie erfüllte den Auftrag des Herrn und brachte den Jüngern die Botschaft.«

Epiphanios (5. Jahrhundert) argumentiert[7]:

»Vernimm die Umstände der zweifachen Geburt Christi und klatsche Beifall diesen Wundern: Ein Engel verkündete Maria die Geburt aus einer Mutter; ein Engel verkündete auch Maria aus Magdala seine furchterregende Wiedergeburt aus dem Grabe. Bei Nacht wird Christus in Bethlehem geboren; bei Nacht wiederum wird Er in Zion wiedergeboren. In Windeln wird Er bei seiner Geburt gehüllt; in Windeln wird Er auch hier gewickelt. Myrrhe wurde ihm bei seiner Geburt geschenkt; Myrrhe und Aloe empfängt Er auch im Grabe.«

Epiphanios zählt weitere solche Analogien auf, die alle darlegen sollen, daß es hier um Geburt und Wiedergeburt geht und daß deshalb die Mutter mit am Grabe stehen muß.

Mir ist dies ein Hinweis, daß Menschen in schwierigen, alles umstürzenden Lebensübergängen des mütterlich-weiblich-zarten Mitgehens bedürfen, wenn das innere Neuwerden gelingen soll. Auch sollte man sich selbst so mütterlich begleiten, wenn die Stunde dunkel ist.

Zum Ereignis der Wiedergeburt schreibt Epiphanios dann[8]:

»Wenn du dies als Fabelei ansiehst und nicht als Glaubenswahrheit, werden als Kläger gegen dich die unverletzten Siegel des Grabes auftreten…; denn wie Christus aus der Jungfrau geboren wurde, obwohl der jungfräuliche Mutterschoß von Natur versiegelt und verschlossen war, so ist auch seine Wiedergeburt vor sich gegangen, wobei die Siegel des Grabes unverletzt blieben.

Ähnlich argumentiert auch Sophronios (Bischof von Jerusalem, 7. Jahrhundert)[9]:

»Wie Christus den jungfräulichen Schoß, aus dem Er hervorging, nicht verletzte und so andeutete, daß Er die Menschheit zum unverletzlichen, göttlichen Leben führen will, so ging Er, unsterblich geworden, aus dem Schoß der Erde hervor, damit alle Gläubigen an seinem unsterblichen Leben Anteil erhalten können. Der Ruf der Freude begleitete beide Ereignisse der Neugestaltung: Freuet Euch!

Hier stoßen wir wieder auf die Vorstellung, daß Schoß der Jungfrau und Schoß der Erde zusammengehören. Die Gebärerin muß bei diesem Geschehen der Neuwerdung anwesend sein. Ich freue mich, daß die ostkirchliche Ikonographie dies anerkennt und im Bilde festhält. Ist es nicht auch im Alltag so, daß die »Mater«, als die der »Materia« und der »Matrix« Verbundene einen »Substanzverlust« früher spürt. Sie registriert eher, wo eine Hülle leer geworden und das pulsierende Leben entflohen ist. Sie ist ja auch die, die zu gegebener Zeit das neue Leben in den Tempel bringt, wie uns zwei Ikonen belehren: Die Ikone »Einführung Mariä in den Tempel« (vgl. S. 34) und die Ikone »Darbringung Jesu im Tempel« (vgl. S. 78).

Wie gesagt: Wer die anderen Frauen am Grabe waren, steht nicht eindeutig fest, außer bei der Figur der Maria Magdalena. Sie allerdings ist nach ostkirchlicher Auffassung eine so komplexe Gestalt, daß ich doch einiges mehr über sie erzählen und mir überlegen möchte, welche psychologischen Implikationen damit gegeben sind.

Maria Magdalena ist nicht Maria, Schwester der Martha und des Lazarus; sie ist nicht die Sünderin aus Lukas 7,37-50, welche Jesus die Füße mit ihren Haaren trocknet; sie ist nicht Maria von Bethanien, die Jesus vor seinem Leidenswege salbt (Johannes 12,1- 11). Maria Magdalena ist die Frau aus Magdala, deren Dämonen von Jesus ausgetrieben wurden und die dann zur Begleitung Jesu gehörte, zu jenen Frauen, die ihm »mit ihrer Substanz dienten«, wie es im Englischen formuliert ist (vgl. Lukas 8,3).

Es war die schöpferische und psychologisch einleuchtende Idee Ephraims des Syrers (4. Jahrhundert) in der einen Figur der Maria Magdalena drei weibliche Aspekte zu verflechten:
– die Sünderin
– die von den Dämonen Geheilte,
– die geistig Interessierte (Maria, Schwester der Martha).

Gregor der Große hat die Auffassung des Syrers übernommen und weitergeführt (6. Jahrhundert). Im gleichen Sinne wurde die Gestalt Maria Magdalenas später von der Kunst rezipiert.

Was ist nun psychologisch und theologisch damit ausgesagt, wenn Maria Magdalena diese drei Komponenten verliehen wurden? Ein runderes und mehrschichtigeres Frauenbild wird so aufgestellt. Es gereicht den damaligen Denkern zur Ehre, daß sie dieser Figur so ganz subtil die dunkleren Töne des Frauseins miteinverleibten und sie ihr zugestanden; als hätte ihnen eine Schattenschwester neben der lichten Gestalt der Maria gefehlt.

Nun ist interessant zu wissen, daß die ostkirchliche Theologie Maria Magdalena, als einzige Frau »die Apostelgleiche« nennt. »Apostelgleichheit« ist das Höchste, was der Mensch an geistiger Ausformung anstreben und, so Gott will, erreichen kann. Diese Auszeichnung hat sich Maria Magdalena nach einem Kommentar dadurch verdient, daß sie als erste mutig zum Grabe ging, daß sie furchtlos dabeiblieb bei der Passion Christi, während die Jünger entflohen und weil ihr als erster der Auftrag zuteil wurde, die Auferstehung zu verkünden. Es heißt, daß ihr dann die »reinen Frauen, männlichen Mut erlangt habend« folgten.

Maria Magdalena gehört, wie wir im Evangelium vernehmen, zu den Frauen, die Jesus mit ihrer »Substanz« dienten. Substantiell geworden ist sie, weil sie ihr Leben und ihr Wesen mit allen seinen Aspekten gelebt hat. Die Heilung von den Dämonen wird im griechischen Urtext mit »Entfesselung«, »Entbindung« umschrieben. Wie Lazarus und Christus selber aus ihren Binden und beengenden Hüllen befreit werden, so wird Maria Magdalena aus der Umklammerung ihrer Dämonen gelöst und zu neuem Leben befreit. So hat auch sie ein Stück Auferstehung an sich erfahren. Möglicherweise führte dieses Erlebnis zu ihrer inneren Apostelgleichheit.

Maria Magdalena hat als Apostelgleiche auch missioniert. Anders als die Apostel – so will es die Legende – missionierte sie nicht nur mit Worten, sondern sie schenkte gleichzeitig ein rotes Ei: Dies war das erste Osterei! Maria Magdalena hat und gibt Substanz.

Man könnte sie als begnadete Umsetzerin bezeichnen, die das, was ihr am Grab, an der Schwelle, über das Geheimnis der Auferstehung aufging, in Tat *und* Werk umsetzte. Sie wird übrigens immer leuchtend rot dargestellt; möglicherweise als Ausdruck ihres Feuers, ihrer Liebe, ihres Geistes. Könnte diese Frau uns daran erinnern, daß weiblicher Geist besonders schön ist, wenn er mit Eros verbunden ist? Es war mir wichtig, auf Maria Magdalena näher einzugehen, um durch sie zu zeigen, wieviele Ahnungen schon die Kirchenväter um das Grabgeschehen reihten; dieses Faszinosum ist uns nachempfindbar im Goldschimmer des Bildes, der das Ganze umgibt: Alle Saiten in uns sollten mitschwingen, wenn aus vermeintlichem Tod neue Lebendigkeit werden will.

Wer die dritte Frau am Grabe ist, bleibt unklar; vielleicht eine Frau, wie wir selber.

Die drei Frauen werden »Balsamträgerinnen« genannt. Balsam ist etwas überaus wertvolles, das mit »köstliche Narde« bezeichnet wird. Balsam ist ein gelblicher, aromatischer Saft, der im Sommer, in sehr geringen Mengen aus der Rinde eines tropischen Strauches, des Balsamodendrons träufelt. Um den Ertrag zu vermehren, wurden Einschnitte in seine Rinde gemacht; doch die Qualität der so gewonnenen Flüssigkeit kam der von selbst ausgeschiedenen nicht gleich. Ich vermerke dieses Detail, weil es mir symbolisch aufschlußreich ist. Balsam ist ein beliebtes Heilmittel; es heißt »der Strauch lasse sich verwunden, um andere zu heilen«. Ambrosius von Mailand sieht in ihm ein Bild der sich verströmenden Seitenwunde Christi.

Der Geruch des Balsams ist herb und kräftig, weshalb ihn vor allem Männer gerne gebrauchten (»Balsama ... sunt unguenta virorum«[10]). Symbolisch gesprochen: Jesus wird durch diese betont männliche Balsam-Salbung eigentlich zum Manne gesalbt. Sein männliches und eigentliches Wesen wird betont und mit Kraft, Schutz und Wert bedacht.

Salböle aller Art werden immer nur unter Mühen und Anstrengung in kleinen Mengen gesammelt. Sie gelten daher als Sinnbild für Seelen- und Lebenssubstanz, die sich auch nur unter Anstrengung, Mühe und Leiden herstellt. Durch Salbung eines Menschen übermittelt man ihm Lebensessenz und belebenden Geist. Auf unserer Ikone geht es um die Salbung zum ewigen Leben. Aus dem begrenzten Leben geleiten die Mütter des Lebens den Totgeglaubten hinüber ins unbegrenzte Leben. So ist es bezeichnend und sinnvoll, daß stets Frauen die Balsame sammelten und mischten. (Übrigens hatten verschiedene Pflanzenöle verschiedene Bedeutungen. Narde z.B. schloß in sich den Eros-Aspekt.)

Zur Abrundung möchte ich noch erwähnen, daß am Tag der Balsamträgerinnen auch Apostelgeschichte 6,1-7 gelesen wird. Diese Stelle erzählt von der Wahl der Diakone Stephanus und Prochorus, denen die Aufgabe zuteil wird, für die Witwen zu sorgen, deren mangelnde Betreuung in der frühen, christlichen Gemeinschaft zu Klagen Anlaß gegeben hatte. Was hat diese Textstelle, dieses Mit-ins-Spiel-Bringen des Witwenproblems mit unserem Ereignis zu tun? Ist es ein leiblicher, ist es ein geistiger Partner, den die drei Frauen verloren haben? Das Wort »Witwe«, lateinisch »vidua«, stammt vom Verb »dividere« (= trennen). Die »vidua« wäre demnach die »Getrennte«, die »Losgelöste«, die »Ge-schiedene«, die »sich-Unter-scheidende«. Vom selben Wort »dividere« stammen auch die Begriffe »Individuum« und »Individuation«. Individuation heißt Selbstwerdung, sich selber werden. Hier am Grabe, wo sie sich von ihrem Meister trennen müssen, beginnt für die drei Frauen der neue eigene Weg. Erscheint er vorerst auch dunkel, so liegen doch ungeahnte Möglichkeiten in ihm verborgen. Wie schon erwähnt, wird Maria Magdalena nun selber den Beruf der Apostolin ausüben und Maria, die Mutter Jesu, wandelt sich von der persönlichen Mutter zur Vertreterin des überpersönlichen, großen Mütterlichen. Wie ihr Sohn, so überschreitet auch sie eine Schwelle zum Ewigen, Transzendierenden hin.

Jesus wirft durch seinen Tod alle seine Weggenossen auf sich selber zurück. Jeder muß sich neu finden. Nicht an den verehrten Meister sollen sie sich klammern, nicht im Grabe sollen sie den Totgeglaubten suchen, sondern einsehen, daß in ihnen selber nun Neues anhebt. »Wohin ist Christus auferstanden«, so fragte D. Sölle, und fuhr fort, »in das Bewußtsein einiger Menschen«. Nüchtern gesprochen: Ist man gezwungen seine Projektionen vom Projektionsträger zu lösen, dann beginnt das An-sich-Nehmen des Projizierten. Was außen keinen greifbaren Anhaltspunkt mehr findet, veranlaßt uns, einen inneren zu suchen und zu fordern. Diese neue Ausrichtung bedeutet einen Schritt in die Selbständigkeit und eine weitere Stufe der Verinnerlichung des Gottesbildes, wie es bei Galater 4,19 antönt: »... bis daß Christus in euch Gestalt gewinnt.«

Mir scheint es bezeichnend, daß in der Osterliturgie unmittelbar auf die Grabesszene mit den Frauen der schöne Gesang folgt: »Die auf Christus ihr seid getauft, habt Christus angezogen, Alleluja!« Wird in diesem Hymnus auch ein anderes Bild gebraucht, so drückt es doch eine neu gefundene Einung mit dem Göttlichen aus, gleich der Vorstellung eines inneren Christus, eines inneren Gottesbildes.

Man könnte die Symbolik des »Christus-Anziehens« noch etwas weiter spinnen, indem man in den hinterlassenen Grab-Hüllen ein Bild dessen sähe, was fortan von den Frauen erwartet wird: nun selber und bei sich ein ähnliches Gewebe zwischen Göttlichem und Menschlichem herzustellen, wie es im Leben Jesu bildhaft dargestellt ist. »Wahrer Mensch und wahrer Gott« – so wird Jesus Christus genannt. Maria wird als »geheimnisvoller Webstuhl des Heilsplanes« verstanden, auf dem in unaussprechlicher Weise das Gewand der Einheit zweier Naturen gewoben wurde (Proclus von Kontantinopel). Uns Menschen ist aufgegeben, auch in uns das Menschliche mit dem Göttlichen zu verweben und solchermaßen uns zu ganzheitlichen Menschen auszuformen. Sollen wir doch nach dem Bilde Gottes gefertigt sein!

Wie Jesus Christus zu neuer Seinsweise aufersteht, so vermute und erhoffe ich für die Balsamträgerinnen dieser Ikone den Beginn ihrer neuen Entfaltung. Von dieser Grabes-Schwelle an beginnen sie über sich selbst hinauszuwachsen: Maria Magdalena zur Apostolin und Maria, die Mutter Jesu, zur großen Mutter aller.

Und wieder: Wer war die dritte Frau am Grabe? Immer mehr leuchtet mir ein: Steht sie nicht stellvertretend für uns dort?

Es rundet sich der Kreis zum Anfang meiner Betrachtung, zur dreiteiligen Auffaltung des Weiblichen gegenüber dem leeren Grab. Was die drei Frauen in ihren Händen halten, ist Substanz, Lebenselixier, Balsam.

Sticheron vom Oster-Donnerstagmorgen:

Herr, obwohl das Grab von den Gesetzlosen versiegelt war,
tratst Du heraus aus der Gruft,
wie Du aus der Gottesgebärerin geboren wurdest.
Es wußten Deine leiblosen Engel nicht,
auf welche Weise Du Fleisch annahmst.
Es merkten die Soldaten, die Dich bewachten, nicht,
wann Du erstandest.
Denn beide Ereignisse sind versiegelt dem forschenden Geist.
Doch geoffenbart sind denen die Wunder,
die im Glauben das Geheimnis verehren.
Da wir es in Hymnen besingen,
schenke uns Heiterkeit und das große Erbarmen.[11]

Kontakion zum Ostersonntag:

Bist Du auch ins Grab hinabgestiegen, Unsterblicher,
So hast Du doch die Gewalt der Hölle zerstört,
Und bist als Sieger von neuem erstanden Christus, o Gott!
Den Balsam-tragenden Frauen riefest Du »freuet Euch«! zu;
Deinen Aposteln entbotest Du Frieden,
Und den Gefallenen schenktest Du die Auferstehung.

Denn heilig bist Du, unser Gott…[12]

Aus den Troparien der Auferstehung nach den acht Tönen:

Die heiligen Frauen, Jüngerinnen des Herrn,
erfuhren von dem Engel die frohe Botschaft von der Auferstehung.
Befreit von der Verurteilung der Ahnen[13]
und erfüllt von Stolz, sprachen sie zu den Aposteln:
»Der Tod ist gefällt, Christus ist auferstanden
und erweist der Welt große Barmherzigkeit.«

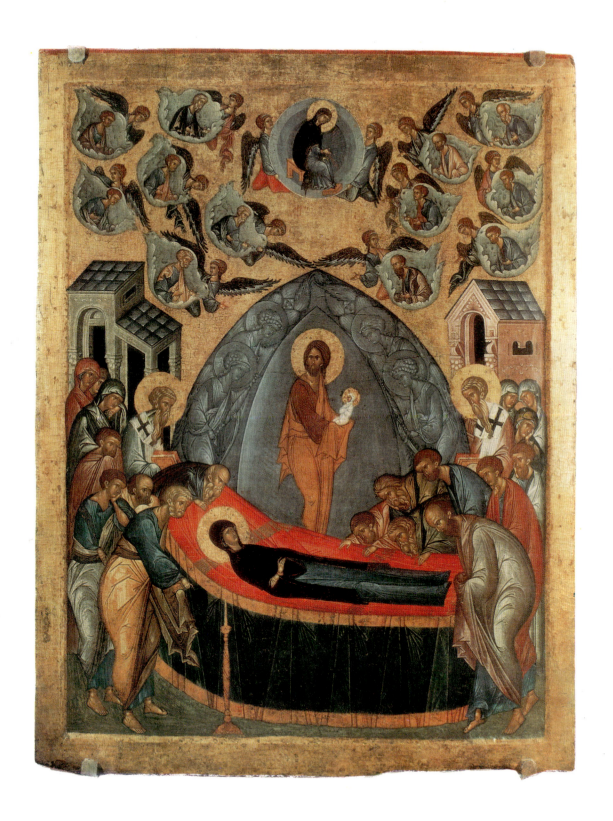

Mariä Entschlafung

ANNAHME DES KREATÜRLICHEN

Es ist eine erstaunliche Tatsache, daß »Maria, streng genommen, keinen Gegenstand der orthodoxen Lehre bildet. Trotz der überreichen Fülle von Aussagen und Lobpreisungen über sie, erscheint sie nur als einmaliges und besonders eindrückliches Zeichen der göttlichen Heilsökonomie. Die orthodoxe Kirche hat keine Marienlehre entwickelt, sondern sie feiert die Erlösung durch Gott, welche sich an Maria in einmaliger Weise bekundet hat und in der Liturgie stets gegenwärtig wird.«[1]

Es ist also nicht eine bestimmte Lehre, die der Orthodoxe zu übernehmen hat, vielmehr sieht er sich in Maria vorweggenommen und wiedergespiegelt. Dies ist wichtig zu wissen; denn so wird klar, daß Maria für orthodoxe Gläubige Urbild und Grundform der menschlichen Seele ist, bzw. als solche Grundform verstanden werden muß.

Unser Fest »Mariä Himmelfahrt«, heißt im Osten »Mariä Entschlafung«. Wir werden auf diesen subtilen Unterschied zu sprechen kommen.

In orthodoxen Kommentaren wird nüchtern festgestellt, daß keine historischen Überlieferungen über Ort und Art des Sterbens Mariä bestehen und daß auch die Bibel keine Auskunft darüber gebe. Die Frage nach Marias Heimgang bleibt unbeantwortbar, wie Epiphanios schon im 4. Jahrhundert festhält. Gleichwohl melden sich dann im 5. Jahrhundert Fragen nach ihrem Tod, so im Zusammenhang mit der Märtyrer- und Reliquienverehrung. Ende des 4. Jahrhunderts entstehen variantenreiche Legenden, die sich alle mit dem Lebensende der Gottesgebärerin befassen. Der Inhalt der Legenden kreist um die Vorstellung, »daß ihr Leib nicht verwesen könne, da ja ihre Jungfräulichkeit auch nicht aufgehoben worden sei«. So, wie ihre Jungfräulichkeit mehr als nur biologisch-körperliche

Unversehrtheit bedeutet habe, so könne auch ihr ewiger Leib nicht verwesen. Jungfräulichkeit verstehen die Autoren als Ausdruck der Unverletztheit des göttlichen Bildes im Menschen. Also: Wie dieses göttliche Bild im Menschen nie erlöschen kann, so kann auch der Leib Mariens nicht verwesen.

In der Folge setzt sich dann der Glaube an die Aufnahme Mariens mit Seele *und* Leib in den Himmel immer mehr durch, so daß im 6. Jahrhundert für das ganze Reich ein entsprechendes Fest auf den 15. August festgelegt wird. In Rom wird es erst im 7. Jahrhundert bekannt.

Um der wuchernden Legendenbildung entgegenzutreten, formulieren die Kirchenväter theologisch durchdachte Homilien (Reden). In diesen übernehmen sie gewisse Grundaussagen der apokryphen Erzählungen und Legenden, lassen aber die allzu phantasievollen Ausschmückungen beiseite.

Im Unterschied zu den östlichen Kirchenvätern greift die katholische Argumentation bei Verkündigung des Marien-Dogmas 1950 nicht auf diese apokryphen Erzählungen zurück, sondern auf christologische Aussagen des Neuen Testamentes; kurz zusammengefaßt »die Auferstehungskräfte Christi seien in Maria bereits wirksam geworden«[2], das in-Christus-sein (vgl. Paulus) sei ihre Lebensweise. Schon der Ansatzpunkt zur Lehre von Mariä Himmelfahrt ist also verschieden.

Trotz der gemeinsamen Glaubensüberzeugung »Aufnahme mit Leib und Seele« lehnt die orthodoxe Kirche dieses Dogma ab, mit der Begründung, daß die biblischen Aussagen nicht hinreichen und daß die Aufnahme Mariens ein Mysterium sei und sich als solches jeder Definition entziehe: »Die Aufnahme Mariens wird geglaubt und in den Mysterienfeiern der Kirche gefeiert, aber sie wird nicht dogmatisch fixiert.«[3]

Da die orthodoxen Kirchenväter es wagen, sich auf Legenden abzustützen, möchte ich die Bedeutung des Wortes »Legende« kurz in Erinnerung rufen. Es kommt vom lateinischen Verb »legere«; es bedeutet in erster Linie: sammeln, zusammenlesen; dann: wählen, auslesen, vorlesen. Legenda z.B. ist eine in der Kirche zu lesende Schrift. Eine Legende ist aber auch eine aus vielen Linien zusammengestellte Komposition, die meist in Bildersprache enthält, was vom Zeitgeist als gut befunden und was vom Volksmund als Sinn weitergegeben wird.

Hier nun die erwähnten, theologisch bereinigten Homilien. Diese werden uns unmittelbar zum Bild hinführen, denn sie liegen diesem zugrunde und sind in ihm gültig aufgenommen. Dennoch: Ikonen drücken stets das aus, was über verbale Theologie hinausgeht. Sie bergen ein »Mehr« als Worte.

»Als es Christus unserem Gott gefiel, seine Mutter zu sich zu nehmen, tat er ihr drei Tage zuvor ihren Weggang von der Erde durch einen Engel kund. Es ist Zeit, sprach er, meine Mutter zu mir zu nehmen. Sei deshalb nicht beunruhigt, sondern nimm die Nachricht mit Freuden auf, da Du Dich ins ewige Leben begibst. Im Verlangen nach der Heimkehr zu ihrem Sohn ging sie sogleich zum Ölberg (es entsprach ihrer Gewohnheit, sich zum Gebet dorthin zu begeben); dort geschah etwas Merkwürdiges: Die Bäume auf dem Berg verneigten sich vor ihr und erwiesen wie lebende Untertanen der Herrin die gebührende Verehrung. Nach dem Gebet kehrte sie in ihr Haus zurück, das zu beben begann. Nachdem sie alle Lichter angezündet und Gott gedankt hatte, rief sie alle Verwandten und Nachbarn herbei. Sie kehrte das Haus und bereitete das Bett und alles, was zum Begräbnis notwendig war. Sie teilte ihnen die ihr vom Engel überbrachten Worte über ihren Heimgang in den Himmel mit und zeigte ihnen das überreichte Siegeszeichen, einen Palmzweig. Als die geladenen Frauen diese Nachricht vernahmen, fingen sie an zu weinen und lösten sich in Tränen und Jammer auf. Nach dem Wehklagen flehten sie Maria an, sie nicht als Waisen zurückzulassen. Sie nahm jedoch allen Anwesenden die Trauer mit den trostvollen Worten, daß sie, wenn sie in den Himmel aufgenommen sei, für sie und für die ganze Welt die Beschützerin und Fürsorgerin sein werde. Danach ordnete sie an, daß die beiden ihr vertrauten und bekannten armen Witwen, die sie bisher mit Nahrung versorgt hatte, je eines ihrer beiden Kleider erhalten sollten.

Während sie diese Anordnungen traf, kam ein gewaltiger Donner vom Himmel, und viele Wolken waren zu sehen, die die Jünger Christi aus aller Welt zum Haus der Gottesmutter trugen. Unter ihnen befanden sich auch die von göttlicher Weisheit erfüllten Bischöfe Dionysios Areopagita, Hierotheos und Timotheos. Als sie den Grund ihrer Anwesenheit erfahren hatten, sprachen sie zu ihr: Solange wir Dich, Herrin, in der Welt wußten, sahen wir in Dir unsern Herrn und Lehrer und wurden getröstet. Wie sollen wir nun den Schmerz ertragen? Da Du aber nach dem Willen Deines Sohnes und Gottes in die überirdische Welt versetzt wirst, freuen wir uns über das, was Dir zum Heil gewährt wird. Bei diesen Worten weinten sie sehr. Maria entgegnete ihnen: Geliebte Jünger meines Sohnes und Gottes, wendet meine Freude nicht in Trauer. Bestattet meinen Leib so, wie ich ihn auf das Lager bette. Als das geschehen war, erschien auch der in göttlicher Kraft lehrende Paulus, das auserwählte Werkzeug, der sich zu Füßen der Gottesmutter niederließ und sie verehrte. Er öffnete seinen Mund und pries sie mit vielen Worten; er sagte: Freue Dich Mutter des Lebens und Inhalt meiner Verkündigung. Wenn ich auch Christus nicht gesehen habe, so meine ich, ihn zu schauen, wenn ich Dich sehe. Die Jungfrau verabschiedete sich dann von allen, legte sich auf das Lager und gab ihrem makellosen Leib die gewünschte Haltung. Sie betete für den Bestand der Welt und ihr Wohlergehen in Frieden. Dann segnete sie die Anwesenden und übergab ihren Geist den Händen ihres Sohnes und Gottes...«

Es folgen weiter die Beschreibung des Begräbnisses und die dieses begleitenden Ereignisse, die Sterbegesänge etc.

»Die Apostel brachten den Leib, der das Leben geboren hatte, an den Ort Gethsemane und setzten ihn in der Gruft bei. Drei Tage verweilten sie dort und vernahmen unaufhörlich die Gesänge der Engel.

Nach göttlichem Heilsplan war einer der Apostel bei der Beisetzung des lebentragenden Leibes nicht anwesend; er traf erst am dritten Tage ein. Er war darüber äußerst betrübt, da er dessen nicht gewürdigt wurde, was seinen Mitaposteln gewährt worden war. So faßten sie nach einhelliger Abstimmung den Beschluß, das Grab wegen des abwesenden Apostels zu öffnen, damit auch er dem allreinen Leib seine Verehrung erweisen könne. Als sie hineinblickten, waren sie erstaunt; denn sie fanden das Grab leer und ohne den heiligen Leib. Es enthielt nur das Leichentuch, um denen Trost zu spenden, die traurig sein würden, und um den Gläubigen als untrügliches Zeugnis zu dienen für seine Aufnahme in den Himmel.«[4]

Unsere Ikone folgt der Legende. Im Vordergrund liegt die Gottesmutter auf ihrem Sterbebett. Hinter ihr steht Christus, der die Seele seiner Mutter trägt. Links und rechts von der Bahre sind Petrus und Paulus und hinter diesen Apostel und Bischöfe zu sehen. Oben im Bilde bringen Engel die auf Wolken heranreisenden

Apostel. Die im Himmel von Engeln getragene Maria übergibt – gemäß der Legende – Thomas ihren Gürtel (in Anlehnung an die Seitenwunde Christi, die der Ungläubige greifen wollte.)

Ich füge der Legende noch das Apolytikion des 15. August (Himmelfahrt) hinzu:

»Bei der Geburt hast Du die Jungfräulichkeit bewahrt,
und beim Entschlafen den Kosmos nicht verlassen, Gottesgebärerin.
Hinübergewandert bist Du zum Leben, da Du die Mutter des Lebens bist.
Durch Deine Fürbitte nun erlösest Du vom Tode auch unsere Seelen.«[5]

Die Bezeichnung der Ostkirche »Mariä Entschlafung« statt »Mariä Himmelfahrt« ist deutlich anders; anders vor allem als das harte Wort »Tod«, das abrupten Abbruch anzudeuten scheint und eine andere Vorstellung des Lebensendes evoziert als die mit Bild und Legende nahegelegte. Im Ausdruck »Ent-schlafen« liegt das Entschwinden, das Ent-rücktwerden, das leise Hinüberwandern, Hinübergleiten. Unwillkürlich erinnert man sich der englischen Redensart »old soldiers never die, they just fade away«. Wer die Gnade erfuhr, ein vollendetes Leben in der Todesstunde zu begleiten, weiß, wie wahr dieser Spruch ist.

Auch von der Gottesmutter heißt es, daß sie ihr Leben ganz gelebt und ihre Aufgabe ganz erfüllt habe. Ihr war beschieden, der Welt in Gestalt ihres Sohnes ein neues Leben zu schenken; so erreichte sie die volle Ausgestaltung des in sie gesenkten Gottesbildes und Gottesplanes. Vornehmste Aufgabe des Menschen ist gemäß orthodoxer Auffassung die bestmögliche Reinigung, Klärung des Seelenspiegels, der das Bild Gottes optimal spiegeln soll. Wem diese Klärung gelingt, der wird auch auf seine Umgebung eine ordnende und heilende Wirkung haben. Maria hat dieses Ziel erreicht und wird so Bild des ganzgewordenen und ganzheitlichen Menschen (immerwährende Jungfräulichkeit). Da sie Licht und Schatten (Geburt, Höllengang, Kreuz) erlebt und bestanden hat, darf sie ohne weitere Prüfungen oder Qualen ins Jenseits hinübergleiten. (Die orthodoxe Kirche kennt keine Lehre vom Fegfeuer, wohl aber auf Ikonen die Darstellung der Vorhölle, wo der Mensch seelenlos, als Schatten bis zu seiner Erlösung ausharrt. Auch

Vorstellungen des jüngsten Gerichtes mit seinen Strafen sind auf Ikonen zu finden.)

Das Bild der Entschlafung und Hymnen, die sich um diese ranken, weckten in mir Fragen und Überlegungen. So ist es vor allem die eigenartige Darstellung des Sohnes, der die Seele seiner Mutter trägt, der ich nachgehen möchte. Weder das Wort Entschlafung, noch der Begriff Himmelfahrt entspricht dem lateinischen »assumptio«, das eigentlich für den Bildinhalt und dieses Fest stehen müßte. Assumptio kommt vom lateinischen Verb »assumo«; seine Bedeutung: an sich nehmen, annehmen, sich anmaßen.

Was will uns diese Ikone also übermitteln? Genau genommen geht es nicht so sehr um Marias Aufstieg ins Jenseits, sondern um das An-sich-Nehmen der Mutter durch den Sohn. Das hat mich überrascht. Selbst wenn wir die im Zusammenhang wenig einleuchtende Bedeutung von assumo = sich anmaßen, wählen, legt sich uns ein ähnliches Verständnis nahe. Sich-anmaßen hat mit maß-nehmen zu tun. Ich folgere: Entweder nimmt der Sohn hier Maß an seiner Mutter, oder aber er selber hat nun das Maß gefunden, das ihm erlaubt, die Seele seiner Mutter zu assimilieren, an sich zu nehmen.

Zurück zum Bild: Angesichts dessen, daß es sich um eine Entschlafung handelt, erstaunt uns beim ersten Blick die Fröhlichkeit und Beschwingtheit dieser Ikone. Tatsächlich wird dieser Tag als Freudenfest gefeiert und die Kirche formuliert das zu diesem Fest gehörende Troparion als Freudenausruf:

> *»Tanzet ihr Völker, klatschet gläubig mit den Händen,*
> *versammelt euch heute in Liebe,*
> *seid fröhlich und brecht Alle in lauten Jubel aus,*
> *denn die Mutter Gottes wird bald herrlich*
> *von der Erde zum Himmel erhoben.*
> *Allzeit preisen wir sie als Gottesmutter in Liedern.«*[6]

Trotz der überraschenden Fröhlichkeit ist doch die geheimnisvolle Todespforte mit ihren dunklen Engeln unübersehbar. Farblich ist diese Ikone von den drei

Primärfarben Rot-Blau-Gold geprägt. Primärfarben entstehen nicht durch Mischung, sondern sind an sich vorhanden. Es haftet ihnen deshalb das Ursprüngliche, Urtümliche, Immerseiende an. Sie künden an und bewirken in uns den Eindruck, daß das auf dem Bild Dargestellte sich »außerhalb von Raum und Zeit abspielt, vor Allen und für Alle« (Evdokimov), in unserer Sprache also ein archetypisches Geschehen aufzeigt.

Wie wir wissen, bedeutet

Rot = Leben, Liebe, Vitalkraft, Leidenschaft, Materia
Blau = Geist, Seele, Ferne, Jenseits, Himmel
Gold = transzendiert jede Farbe und meint den Glanz des Göttlichen, Kostbaren, Ewigen.

Wären wohl in diesem grundsätzlichen Rot und Blau die Gegensätze gemeint, die der Verbindung harren? Und im Gold das sie transzendierende und vereinigende Göttliche, Kostbare? Und wären diese Drei, in ihrer Vereinigung, Chiffren für ein wohlabgerundetes, vollendetes Leben?

Manche Betrachter dieser Ikone sehen die Liegestatt der Gottesgebärerin als Barke. Tatsächlich unterstützt die barkenähnliche Bahre mit ihren gleitenden Linien die Vorstellung des Hinübergleitens, des Sich-Herauslösens-aus… Das Sachtgleitende erlaubt Hoffnung auf ein Weitergehen. Hier geschieht nicht endgültiger Tod, nicht Exodus, sondern Transitus. Leise hofft man, daß, wer sein Leben voll und verbindlich gelebt hat, auch zu diesem friedlichen Übergang finde.

In der Legende hörten wir, daß Maria sich selber so bettet, wie sie es für richtig hält. Sie stellt sich also bewußt auf den kommenden Übergang ein und bereitet das Nötige vor. Nur eines – doch davon später – kann sie nicht selber bereiten.

Als Bewegung fällt im Bild die Wucht auf, mit welcher die Spitze der Mandorla gegen oben vorstößt. Diese berührt sich mit der schwebenden Linie der Engel und Apostel, die, herbeieilend, sich »wie Regen« von oben herabsenken. Durch die sich überschneidenden Bewegungsströme wird die Mittelposition zwischen Himmel und Erde betont, das Jetzt. Jetzt geschieht es. Die Mandorla, als Figur, partizipiert, wie wir hörten, an der Symbolik der Mandel, nämlich: Eine schwer durchdringbare Schale mit süßem, geheimnisvollem Kern.

Nach orthodoxer Auffassung symbolisiert die Mandorla den Christus umhüllenden Glorienschein, der durch seinen Glanz dem menschlichen Auge das göttliche Geheimnis verschleiert. In der Mandorla wird das dargestellt, was der Mensch zwar erfahren, nie aber erklären kann. Das Mysterium. Auch Christus wird nur in bestimmten Situationen in der Mandorla dargestellt; es sind immer Durchgangssituationen, so bei seinem Niederstieg zur Hölle und bei seiner Auffahrt zum Himmel. In unserem Bild ist die Mandorla Todes- und Erlösungspforte, Schwelle zwischen zwei Bereichen.

Die Frage drängt sich auf, weshalb die untere Hälfte der Mandorla nicht zu sehen sei. Versuchsweise erkläre ich es mir so: Maria hat den Teil des Lebens, der zur dunklen Lebensseite gehört, gelebt und hinter sich gelassen. Nun folgt ein neuer Durchgang. Zu ihren dunklen, leidensvollen Phasen zähle ich ihr Leiden um den gemarterten Sohn und die schwierige Aufgabe des »Gangs durch die Höllenqualen«. Diese irdische Zeit ist vorbei. Noch ist der Leib da, doch die Seele stößt vor zu anderer Seinsweise.

Das schattenhaft-jenseitige Blau der Mandorla ist Ausdruck des geistigen Niemandslandes. Eine Mandorla entsteht wo zwei Kreise, zwei Welten sich überschneiden. Sie bezeichnet den eigenartigen Seelenzustand zwischen dem »Nichtmehr« und dem »Noch-nicht«.

Betrachten wir das Zentrum der Ikone, Bahre und Mandorla mit Mutter und Sohn, so fällt auf, wie streng Waagrechte und Senkrechte einander entgegenstehen. Mutter und Sohn bilden andeutungsweise ein Kreuz; sie scheinen Bild gegensätzlicher Prinzipien zu sein. Um diesen Gedanken anzureichern benenne ich einige Assoziationen, so etwa zur Senkrechten: Das aufstrebend Männliche, Wollende, Zielende; und zur Waagrechten vielleicht das Empfangende, Ausharrende, Seiende. Der Senkrechten ordne ich das Denken zu, der Waagrechten das Sinnen; der ersteren vielleicht den Todestrieb, der letzteren den Liebestrieb. Im Bilde der Mandorla scheint mir beides vereinigt: Thanatos und Eros. Eine Parallele zum Symbol des Kreuzes?

Auf einzelnen Entschlafungs-Ikonen sind oben im Bilde zwei geöffnete Türflügel zu erkennen. Wie Christus die Höllenpforte aufsprengt, so öffnet die Gottesmutter die Himmelspforte. »Als Mutter des Lebens und als Erst-Erlöste darf sie zur Pforte des Lebens eingehen«, wie es die Orthodoxie formuliert.

Interessant ist, daß der Leib Mariens von den selber körperlosen Engeln in den Himmel getragen wird, die Seele aber muß Christus an sich nehmen und sie selbst nach oben tragen. Wir sehen das »Seelchen« (russisch »Duschenka«) der Mutter in Gestalt eines kleinen, weißgekleideten Mädchens auf dem Arm, ja in der Hand des Erlösers sitzen.

Was nimmt der Sohn alles an sich, indem er die Seele seiner Mutter auf und an sich nimmt? Weshalb muß er dies tun?

Jesus Christus nimmt in der Mutter des Lebens den Archetyp des Lebens, des Lebendigen und des schöpferischen Hervorbringens auf (die Gebärerin). Mit ihr und durch sie nimmt er alles Kreatürliche, Erdhafte, Menschliche auf und an sich. Durch diese Annahme anerkennt er das weibliche Prinzip und versöhnt so Materie und Geist, Leib und Seele, Erde und Himmel. Durch die Aufnahme (Assumptio) und Integration des Mütterlichen durchwärmt und beseelt er sein eigenes Sein. Es bedeutet für ihn ein Zuwachs an Seiendem.

Psychologisch gesprochen assimiliert er – in der Seele seiner Mutter – gemüthafte, schöpferische, musische Qualitäten und Werte wie Eros, Wärme und Schönheit. Aus der einstigen Körpernähe zwischen Mutter und Kind, wird nun Beseelung und Beziehung. Gleichzeitig bejaht er seine eigene Herkunft, seine Natur als »wahrer Mensch« und kehrt so gewissermaßen zu seinen eigenen Wurzeln zurück.

Ich bin mir der Fragwürdigkeit meiner Überlegungen bewußt; gleichwohl meine ich, sie hätten etwas für sich. Es ist, im Bilde, nicht nur der eine Mann Jesus Christus, der sich der Mutter annimmt, es sind ihrer Viele. All den herbeieilenden Männern (Apostel) scheint die Gottesgebärerin vor Augen halten zu wollen, wie sie, als Männer, zum wirklichen Leben finden können.

Manchen Betrachtern dieser Ikone erweckt die kleine, weiße Gestalt in der Hand Christus Vorstellungen des Grals, des kostbaren, zu erreichenden Gefäßes. Welchen Sinn könnten wir darin sehen? Gral heißt auf Griechisch »Krater« (= Kelch, Mischkrug, Krater des Vulkans). Einer der Namen Christi ist »Pantokrator«. »Pas/pantos« heißt im Griechischen alles/all-; »krator« stammt, wie »krater« vom Verb »kerannumi« mit der Bedeutung »mischen, verschmelzen, vereinigen, verbinden«. Der Pantokrator ist der All-Erhalter und All-Enthalter. In dem

An-sich-Nehmen des Gefäßes, das seine Mutter ihm war, des Mischgefäßes, in welchem sich die göttliche und die menschliche Natur vereinigt, wird er selber ganz zu dem, der er sein soll. Gemäß orthodoxer Lehre wird Christus erst hier und erst durch dieses Erlebnis zum Erlöser. In der Erlösung seiner Mutter gelingt ihm die erste Erlösungstat. Dieses Erlebnis, diese Tat hat ihm bis dahin gefehlt. Das mag auch der Grund für seinen ängstlich-fragenden Gesichtsausdruck sein. Wird er schaffen, was jetzt von ihm verlangt ist? Das Gelingen ist mit Grund zum Jubel des Festes Assumptio Mariae. Beide, Mutter und Sohn haben erreicht, was Gottes Plan für sie vorsah: Die neue Vereinigung von Himmel und Erde. Diese Vereinigung – ich erinnere an das Mischgefäß – drückt sich auch farblich aus im orangefarbenen Gewand des Erlösers. Die Farbe Orange entsteht – wie bereits erwähnt – wo Gelb und Rot, d.h. wo Licht und Materie sich durchdringen und vermischen. Neben dem Orange trägt Jesus Christus das Braun der Erde. Im Konzil vor Chalkedon 451 wird ausdrücklich festgehalten, daß er seine Menschen-Natur auch nach der Auferstehung behält.

Ein eindrückliches Detail sehen wir noch im schimmernden Blau des Kleides der Gottesmutter. Glanzlichter werden dort gesetzt, wo man die stärkste Durchgeistigung vermutet und diese betonen will. Auf unserer Ikone ist ein solches Glanzlicht zwischen den Beinen der Gottesgebärerin plaziert, vielleicht weil hier die Geburt des Heiligen geschah oder weil alle Geburt durch sie geheiligt wurde.

In vielen Hymnen wird Maria als »neue Eva« und als »Amme unseres Lebens« besungen und gepriesen. Alle Schuld der Eva ist durch sie getilgt. »Heimholung Adams« wird sie auch genannt. Auf unserem Bilde ist es der nun »neue Adam«, welcher seine Mutter heimholt.

Eine ganz diesseitige Frage steigt nach der Vertiefung in den Bildgehalt in mir auf: Tun wir eigentlich recht daran, wenn wir heute nur die Trennung der Söhne von ihren Müttern als das psychologisch einzig Richtige postulieren? Ist es richtig, vom Manne stets nur den »Drachenkampf« zu fordern? Wäre nicht für den Sohn die Wiederannahme der Mutter und all der Werte, die mit ihr verbunden sind, eine ebenso notwendige, wie mutige und schwierige Aufgabe und Tat? Trennung ja, aber auch Wiederannahme, sagt uns unsere Ikone. Erst durch die

Lösung dieser Aufgabe wird Jesus Christus zum Erlöser, oder, auf unserer Stufe, der Jüngling zum Mann; selbstverständlich müssen auch anderweitige Entwicklungsschritte ergänzend hinzukommen.

Nur nebenbei und als schreckliche Illustration möchte ich erwähnen, daß z.B. in Amerika Psychologen manchmal wegen ihrer unüberlegten Ratschläge, als Motherkillers (= Muttermörder) bezeichnet werden. Das stimmt nachdenklich. Können wir uns die Negation der mütterlichen Werte weiterhin leisten in unserer Welt der Zerstörung? Oder müßte das psychologische Zeitenrad auch diesbezüglich endlich etwas weiterdrehen?

Diese Frage richtet sich nicht zuletzt auch an junge Mütter; auch sie vertreten die Tendenz, das Mütterliche bei sich und anderen gering zu achten, es zu vernachlässigen – sehr zum Schaden der Gemeinschaft.

Dieser kleine Exkurs läßt erleben, wie eine Ikone, obwohl außerhalb von Raum und Zeit angesiedelt, doch zu jeder Zeit und zu aktuellen Themen sprechen kann.

Wir wollen nun wieder zum Bild als Ganzem zurückkehren. Es spricht vom Übergang ins Jenseits, und zeichnet diesen friedlich. Ich möchte mit einer Ode schließen, die auch uns Frieden ahnen lassen kann:

Wie auf einer Wolke getragen, versammelte sich, o Jungfrau,
von allen Enden der Erde der Chor der Apostel auf dem Sion,
um dir, der leichten Wolke, zu dienen;
denn aus dir erstrahlte Allen,
die da in Finsternis und Todesschatten sitzen,
der höchste Gott, die Sonne der Gerechtigkeit.

Die Englischen Mächte staunten,
da sie auf dem Sion ihren Gebieter sahen,
der auf seinen Armen eine weibliche Seele trug.
Er aber rief nach Sohnesart mit heiliger Stimme seiner Mutter zu:
Komm, o Reine und sei verherrlicht mit deinem Sohn und Gott!

Als die Engel die Entschlafung der Allreinen sahen,
staunten sie, wie die Jungfräuliche aufsteigt, von der Erde
zum Himmel.
Überwunden werden die Grenzen der Natur in dir,
allerreinste Jungfrau;
denn jungfräulich ist dein Gebären
und der Tod verlobt sich dem Leben.
Nach der Geburt jungfräulich und nach dem Tode lebendig,
rettest du allezeit dein Erbe, o Gottesgebärerin.

Fürwahr, dein Sohn hat dich als Leuchter des unstofflichen
Lichtes
und als güldenes Rauchfaß für die göttliche Kohle
in das Allerheiligste versetzt, o Mannagefäß du und Aaronstab,
o gottbeschriebene, neue Gesetzestafel,
o heilige Bundeslade und Tisch für das WORT des Lebens.[7]

Gottesmutter unverbrennbarer Dornbusch

UNSER INNERSTES KRAFTFELD

Die Umschrift der Ikone lautet: »Der Du machst Winde zu Deinen Engeln, zu Deinen Dienern Feuerflammen«: Vers 4 aus dem Psalm 104, der Gott als Schöpfer preist.

Der Ursprung der Dornbusch-Ikone ist byzantinisch. Sie wird ab dem 11. Jahrhundert nachgewiesen. Die byzantinische Form unterscheidet sich jedoch von der uns vorliegenden: Sie zeigt einen Berg, ein Gefäß oder einen Baum, aus dem Feuer lodert; davor steht Mose, der seine Schuhe auszieht, und der Engel, der zu Mose spricht bei seinem Gotteserlebnis am Horeb. Unsere spezifisch russische Ikone zeigt das Thema in anderer Form: als Stern in einer Rose. Zu dieser sternförmigen Gestaltung kommt es im 17. Jahrhundert durch Berücksichtigung eines Verses aus dem Akathistos-Hymnos, in welchem die Gottesmutter als »Stern, der die Sonne offenbart« gepriesen wird.

Wir sehen einen achteckigen Stern, der entstanden ist durch zwei übereinandergelagerte Vierecke oder Rhomben. Dieser achteckige Stern ist auf einen rosenblätterigen Kreis gebettet. Die Rose scheint oben wie an einem Bügel gehalten zu sein, während sie unten beinahe bedrängend über der Erde schwebt. Sie hebt sich plastisch vom gelben Hintergrunde ab. Gelb erweckt das Gefühl von Weite. Durch seine schwerelose Heiterkeit läßt es uns aufatmen; sein Ausstrahlen nach allen Seiten legt Bewegung und Entwicklung nahe. Gelb steht hier stellvertretend für Gold. Gold – wie öfters betont – gilt nicht als Farbe, sondern als zeitloser, göttlicher Glanz. Unsere Rose schwebt also wie ein ewiges Geschehen vor einem weiten und weitenden Hintergrund.

Diese Ikone wird als mystisch-didaktisch bezeichnet, als »mystische Rose, die ein echtes, religiöses Gestalterlebnis bewirkt«. In ihr seien, so heißt es, Altes und

Neues Testament einander gegenüber gestellt. Das Alte Testament ist durch die vier Eckfiguren repräsentiert (Mose, Isai, Jakob, Ezechiel), das Neue Testament durch die Evangelisten-Symbole und die Mutter mit dem göttlichen Kind, Bild der Inkarnation. Das Alte Testament steht für Gesetz und Gesetzmäßigkeit, das Neue Testament für Erkenntnis und lebendige Erfahrung: Statt des Gesetzes, Erkenntnis und lebendige Erfahrung, statt des Festgehaltenen, Bewegung. Unsere Ikone muß also Bild eines fundamentalen Umschwungs sein.

Als Text zu diesem Bild wird angegeben:

»Es vergeht der Schatten des Gesetzes und es kommt aus dem Gesetz die Gnade; denn wie der Dornbusch nicht verbrannte, so hast auch Du, Jungfrau, geboren und bist doch Jungfrau geblieben. Statt der Feuersäule (bei Mose) beginnt die gerechte Sonne (Christus) aufzuleuchten. Statt Mose ist Christus die Rettung unserer Seelen.«[1]

Wir haben demnach nicht nur das harmlos-liebliche Bild von Mutter und Kind vor Augen, wie wir oft glauben, sondern es wird uns hier die Änderung eines leitenden Prinzips vorgestellt.

Da zu einer Ikone mehrere Texte beigezogen werden dürfen, sofern sie dem Bildinhalt nicht widersprechen, sondern ihn bereichern, führe ich noch folgende an:

»Ihn, der verherrlicht ward auf Heiligem Berge und der dem Mose im Dornbusch das Mysterium der allzeit Jungfräulichen kundtat im Feuer, rühmet in Hymnen den Herrn. Mit Geheimnissen vertraut, hat Mose in Heiliger Schau Dein Bild vorausgeschaut: Den im Feuer nicht verbrennenden Dornbusch, o Jungfrau.«

»Die reine Gottesmutter, laßt, Völker, herrlich uns ehren; denn das Feuer der Gottheit empfing sie in ihrem Schoß, ohne zu verbrennen. Mit nie endendem Lobgesang sei sie gepriesen.«[2]

»Dich, welche Mose sah als unverbrannten Dornbusch, als die beseelte Leiter Jakobs, als himmlisches Tor, durch welches Christus unser Tor hindurchgeschritten ist. Dich preisen wir hoch in Liedern.«[3]

Alle Texte melden die unerhörte Tatsache, daß die Gottesmutter nicht verbrannte, obwohl sie ein Feuer in sich trug. Wahrlich ein Ereignis wider alle Vernunft und gegen jedes Gesetz!

Daß ein Busch Gottesmutter-Symbol wird, hat Vorläufer in vielen Mythen und frühen Vorstellungen. Bei den alten Ägyptern findet sich z.B. die Vorstellung, daß in jeder Sykomore eine Göttin wohne. Die Sykomore gilt als Erscheinungsform der Himmelsgöttin Nut. Hathor wird als Herrin der Sykomore bezeichnet. Bedeutungsvoll in unserem Zusammenhang ist auch, daß ein erstes Kultbild der Hera als in einem Baum eingewachsen gedacht war, aus dem Baume befreit und im Meer gewaschen werden mußte. Auch die babylonische Göttin Aschera wurde als Baumstamm dargestellt und verehrt. So war wohl die Frau schon immer dem organischen Wachstum und dem Fruchtbringen zugeordnet. Der erste Artemistempel soll an der Stelle eines ausgehöhlten Baumstammes errichtet worden sein, der das Bild der Göttin umschloß. Wäre es nicht denkbar, daß Ikonen, die ja auch in Holz eingesenkt werden, diesen frühen Vorstellungen und Urbildern folgen?

Ich beginne nun einen Rundgang durch das Bild, besser: mehrere Rundgänge. Im Laufe der Bearbeitung hatte ich das Bedürfnis, in einer Spirale vorzugehen, in der Hoffnung jede Umdrehung lasse mich einen Schritt tiefer eindringen in das Bild, bis zur Tiefe des Zentrums.

Wir beginnen oben links mit dem brennenden Dornbusch (Exodus 3,2): »Und der Engel des Herrn erschien ihm in einer Feuerflamme, die aus dem Dornbusch hervorschlug. Und als er hinsah, siehe, da brannte der Busch im Feuer, aber der Busch ward nicht verzehrt.« Später ist vom Busch als Wohnstatt Gottes die Rede.

Rechts oben sehen wir Isai (Jesse), aus dem das neue Reis aufblüht, gemäß der Prophezeiung des Jesaja 11, 1-2: »Ein Reis wird hervorgehen aus dem Stumpf Isais und ein Schoß aus seinen Wurzeln Frucht tragen. Auf ihm wird ruhen der Geist des Herrn, der Geist der Weisheit und der Einsicht, der Geist des Rates und der Stärke, der Geist der Erkenntnis und der Furcht des Herrn.« Vers 2 wirkte wahrscheinlich mitgestaltend bei den verschiedenen Blättern des Rosenkreises. Gelegentlich ist in dieser Ecke auch Jesaja abgebildet mit dem Engel, der ihm mit einer glühenden Kohle, in einer Zange, die Lippen reinigt. Es sei als kleine

Besonderheit erwähnt, daß in einem Lobpreis die Gottesmutter als glühende Zange verehrt wird.

Rechts unten ist Jakob mit der Leiter dargestellt; auf dieser ein Engel, am oberen Ende Christus Immanuel. Der Text zu diesem Bild: »Jakob aber zog aus von Beersheba und machte sich auf den Weg nach Haran. Da traf es sich, daß er an die heilige Stätte von Bethel kam und er blieb daselbst über Nacht; denn die Sonne war untergegangen. Und er nahm einen von den Steinen der Stätte, tat ihn unter den Kopf und legte sich schlafen. Da träumte ihm, eine Leiter sei auf die Erde gestellt, die mit der Spitze an den Himmel rührte und die Engel Gottes stiegen daran auf und nieder. Und siehe, der Herr stand vor ihm und sprach: Ich bin der Herr, der Gott deines Vaters Abraham und der Gott Isaaks; das Land auf dem du ruhst, will ich dir und deinen Nachkommen geben« (Genesis 28, 10-13).

Unten links sehen wir das geschlossene Tor des Tempels aus der Vision des Ezechiel (Ezechiel 44, 1-6): »Hierauf führte er mich zurück gegen das äußere Tor des Heiligtums, das nach Osten gerichtet war; es war aber verschlossen. Da sprach der Herr zu mir: Dieses Tor soll verschlossen bleiben; es darf nicht geöffnet werden und niemand darf durch dasselbe hineingehen, weil der Herr, der Gott Israels, hier eingezogen ist; darum soll es verschlossen bleiben… durch die Halle des Torbaus soll Er hereinkommen und auf dem selben Weg wieder hinausgehen.«

Diese vier Eckbilder und ihre Texte sind sowohl als Prophezeiungen dessen, was da kommen wird, als auch als Symbole der Jungfräulichkeit der Gottesgebärerin zu verstehen. Wir sehen die vier Eckfiguren aus dem Alten Testament alle in die zwei Farben Rot und Grünblau gekleidet. Ist dies Zufall oder Absicht? Will der Maler vielleicht sagen, die vier alttestamentlichen Figuren hätten in prophetischer Weise bereits »Christus angezogen« (Galater 3,27), den wir im Tempel unten links in eben denselben Farben sehen? Ist in dessen zweifarbigem Gewand die Doppelnatur seines Wesens »ganz Mensch und ganz Gott« angedeutet? Oder will jede Figur bekunden, daß das kommende Ereignis Leib und Seele ergreift (wobei die Zuordnung der Farben hier Fragen aufwirft)? Oder ist damit gar ein Bild unserer selbst gemeint, die Gegensätzlichkeit unserer eigenen Natur; und wäre die Zweifarbigkeit Ausdruck unserer Teilhabe an zwei Seinsbereichen? Wir können nur ahnen. Sicher aber ist, daß die vier Eckfiguren durch ihre Farbgebung als am zentralen Geschehen mitbeteiligt ausgewiesen sind.

Theologisch gesehen kreisen wir um den Menschwerdungsprozeß Gottes, oder genauer, um die Tatsache, daß die Gottesmutter nicht verbrennt, während sie dieses mit »Feuer« bezeichnete Ereignis überstehen muß. Psychologisch gesprochen geht es um die Verwirklichung des göttlichen Aspektes im Menschen, das Aufkommen eines unbekannten Neuen in uns. Paulus sagt von diesem Ereignis – diese Stelle ist zentral für dieses Buch –, es sei »Christus, der in uns Gestalt gewinne« (Galater 4,19). Wir würden es als tiefste Menschwerdung bezeichnen und erleben. C.G. Jung würde vom konstellierten Selbst reden. Und hier müßte man sowohl von Erfahrungen der Kirchenväter, wie auch der heutigen Psychologen sprechen, die festhalten, daß das Erfahren der eigenen Seinstiefe an Gotteserfahrung grenze. Schon immer soll Gotteserkenntnis mit Selbsterkenntnis verbunden gewesen sein. Das Bestürzende an diesem Vorgang ist, und dazu nimmt unsere Ikone Stellung, daß diese Entwicklung nur unter größter Gefahr vor sich geht; eine Gefahr, die hier dem Verbrennen oder Verglühen verglichen wird.

Unsere Ikone handelt zwar auch von Geburtlichem, ist aber nicht etwa eine Geburts-Ikone. Sie spricht vom Neu-Werden, vom Sich-Wandeln, von der Möglichkeit, ein anderer zu werden. Darum spricht sie vom Feuer. Nur in der Gluthitze kann das Eisen geformt werden und die Gestalt erlangen, die ihm von seinem Schöpfer zugedacht ist. Eisen wird nicht nur um seiner selbst willen geschmiedet, sondern es wird in seiner neuen Gestalt eine ganz bestimmte Aufgabe erfüllen.

Die Zwischenphase nach dem Tod und vor der Auferstehung nennt die Kirche Purgatorium. Dort wird der Verstorbene geläutert. Übersetzt in die Welt unserer eigenen, seelischen Entwicklung ist der brennende Busch ein Bild der nötigen Triebkraft, die unsere Unlebendigkeit in Lebendigkeit verwandelt. Ein inneres Purgatorium!

Ich verbinde den Bildtext mit dem Gedanken, daß der eben beschriebene Übergang zwar ein erfahrbarer Prozeß ist, jedoch gegen jedes Gesetz geht und mit dem Verstand nicht zu erfassen sei. Hilfreich ist mir bei diesen Überlegungen die Ansicht Jungs, das Selbst sei unser Organ, mit dem wir das Göttliche erfahren oder es sei ein Spiegel, der Gott reflektiere.

Welche Informationen könnte uns die Bildersprache der vier Eckfiguren zum kommenden Wandlungs-Geschehen vermitteln? Meine Deutungsvorschläge: Im Bilde des Mose möchte ich eine Parallele zur Verkündigung an die Gottesmutter sehen; nämlich die Darstellung des atemberaubenden Augenblickes, da einem Menschen der Sinn seines Lebens und seine Aufgabe in ahnungs-schwerer Weise aufgeht. Im Bild des neuen Reises (bei Isai) sehe ich das wunderbare Wachstum, das ohne unser Wissen anhebt, wenn der Same des Schicksals in uns gefallen ist, ähnlich einem Bilde der Verkündigung, wo das Kind sich schwebend im Augenblick zeigt, da der Engel spricht. Betrachte ich auf unserer Ikone die zarte Blüte oben rechts, so bin ich geneigt, sie mit »Sehnsucht« zu bezeichnen. Darunter verstehe ich die Gefühlszuwendung, die innere Entwicklungen uns abverlangen, ob wir es wollen oder nicht. Es scheint, als ob auch Isai sich diesem träumerischen Zustande hingebe. Beim dritten Eckbild könnte, was eben noch zarter Schößling war, solide Form in der Gestalt der Leiter angenommen haben: Aus Sehnsucht wurde Beziehung. Die Brücke, über welche das Göttliche uns erreichen kann, hat sich gebildet. Damals wie heute wirkt dabei der Traum mit. Sind Träume doch stets Vermittler zwischen der Welt des Geistes und der Welt unseres Alltags! Im vierten Bild schließlich ist das Gefäß, in welchem wir den Einbruch und den Durchgang des Numinosen empfangen und ertragen können, endgültig hergestellt. Wie ein solide gebautes Haus, hier der Tempel, müssen unsere Ich- Strukturen und unser Bewußtsein dem erschütternden Geschehen standhalten, von welchem das Zentrum unserer Ikone spricht.

Nach diesem ersten Umlauf verlassen wir das Alte Testament und treten in einer neuen Umdrehung in den Kreis der Rosenblätter ein. Man beachte den fein bearbeiteten Rand; wie weich und lieblich ist er! Acht Rosenblätter sind es; die Zahl acht wird uns noch beschäftigen. Auf den Blättern sind Engel mit verschiedenen Attributen abgebildet. Wie ich auf einer anderen, beschrifteten Ikone eruieren konnte, handelt es sich bei diesen Engeln überraschenderweise um die Engel der Asche und der Glut, die Engel des Taus und des Rauhreifs, die Engel des Frosts und des Eises.⁴ Weiter findet sich da der Engel der Trennung, d.h. des Richtschwertes, der Engel des Blitzes als Geist der Versengung, der Engel der Stimme als Geist des Verstandes (die Wiederkunft Christi anzeigend). Dann wirken noch der Engel des Donners und der Feuer-Engel mit. Dieser zeigt als Geist der Weisheit an, daß Gott durch Feuer und Höllenqual schrecken will.

Wir ahnen in diesen Engelsgestalten und Gewalten noch einen Anklang an die slavische Naturverehrung; in ihrer bildhaften Sprache übermitteln sie uns aber auch, daß das Heranwachsen des Göttlichen in uns unter Mitwirkung vieler, natürlicher Kräfte vor sich geht.

Hellere, dunklere und dunkle Felder werden in unserem Rosenbild unterschieden, wobei die dunklen beinahe wie Flügel wirken, die dem ganzen gleichsam eine unheimliche Beflügelung verleihen. Sicher ist Beflügelung gemeint, denn unsere Bild-Umschrift lautet ja »der du machst Winde zu deinen Engeln«. Mit dem Phänomen Wind ist zugleich das Phänomen Geist angedeutet; wir werden später darauf zurückkommen. Vielleicht bewirken diese dunklen Flügel, daß das Bild trotz seiner starken Zentrierung und Symmetrie nicht statisch, sondern äußerst bewegt ist. Die Flügel erinnern an das uralte Zeichen des Swastika-Kreuzes, das »von jeher ein Sinnzeichen für durch Feuerkraft hervorgerufene Bewegung (sei), die unaufhörlich Gestaltung und Umgestaltung bewirkt. Wer sich mit dem Hakenkreuz und dessen Dynamis einläßt, wird in Bewegung gesetzt, sei es zur lichten Höhe, sei es zum Abgrund hin.«⁵

Dann kommen wir zurück zu unserer Rose und ihrer Symbolik: »Die Rose nimmt den ersten Platz ein unter den den Frühling symbolisierenden Blumen. Die Griechen leiten ihren Namen vom Worte reein = strömen, fließen, ab, da die Rose einen wahren Strom von Duft sendet, wobei sich ihre Lebenssubstanz verflüchtigt. Damit wird sie auch Sinnbild der sich verströmenden Liebe.« Die Vorstellung des Fließens und Strömens mag mitbestimmend gewesen sein, als der Künstler nach einem Ausdruck suchte, der der Vieldeutigkeit unserer Ikone möglichst nahe kam (Geburt und Wandlung des Logos). »Die Blütenblätter versinnbilden den steten Kreislauf des Kosmos und die Wiederholung bestimmter Zeitabschnitte. So wird die Rose auch zum Ewigkeitsbild. Die sich öffnende Rose wird zum geheimnisvollen Gleichnis der Entfaltung und Menschwerdung.«⁶

Ich weise noch auf die Seerose oder Lotosblume hin: »Sie ist Bild der Schöpfung der Welt aus den Wassern.« Ein Buddha oder der Sonnengott gehen aus ihr hervor, »der aus der Lotosblüte aufleuchtende, herrliche Knabe. In ihm sind helles Sonnenlicht und feuchte Tiefe verbunden«. Ähnliches trifft auch für unsere Rose zu, »die mystische Rose, aus der uns Christus entströmt« (Akathistos).

Drehen wir nun weiter auf der Spirale des Bildes und auf unserem vermeintlichen Weg nach innen, so geht uns spätestens in diesem Moment auf, daß von einem Weg nach innen nicht gesprochen werden kann! Nicht hinein, sondern hinaus und hinauf gehen der Weg und die Bewegung. Überrascht stellen wir fest, daß wir uns in einer sich entfaltenden Blüte befinden; einer Blüte, in deren Zentrum sich, einer Beere gleich, die neue Gestalt bildet. Jede Ikone ist Epiphanie: Etwas erscheint, indem es von unten nach oben drängt, wie Gedanken, die aus der Seelentiefe emporsteigen.

Nachdem wir uns – in Gedanken – auf den Blütenblättern der Rose aufgehalten und ein entsprechendes »Gestalterlebnis« erfahren haben, führt der Weg in eine neue Schicht, in eine »heiße« Zone. Wir sind da wo die brennenden Ereignisse beginnen und jede Faser gespannt ist. Das Rot des Feuers, des Geistes, des Lebenspulses ergreift uns. Wir sind im gedehnten Viereck der Evangelisten-Symbole angekommen. Möglicherweise sind wir zugleich in das Weltbild der Babylonier hineingelangt; denn von dort stammen diese mehr als erstaunlichen Symbole. Sie gehen zurück auf die Vision der vier Lebewesen, die Ezechiel während seines babylonischen Exils hatte.

»Die Babylonier dachten sich die Himmelsstraße, auf der die Wandelsterne ihre Bahn ziehen, als ein dammartiges Festland um den Himmelsozean, das die Wohnungen der großen Götter trägt. In diese viereckige Straße ist der Tierkreis eingebaut, dessen Hauptpunkte die vier Weltecken bilden, nämlich die Sternbilder Mensch (Wassermann), Adler, Stier und Löwe (Adler anstelle von Skorpion). Diese Vier sind als gewaltige göttliche Wesen gedacht und bewachen die Hauptpunkte der Welt.«[7] Als Vergleichsbilder werden die Darstellungen der assyrisch-babylonischen Kunst genannt. Es sind geflügelte Tiere mit Menschenantlitz.

Solche Mischwesen bedeuten eine Akkumulation von Fähigkeiten, die in Wirklichkeit auf verschiedene Träger verteilt sind.

Diese Ikone zeigt oben links den Engel (Mensch) als Symbol des Evangelisten Matthäus, rechts oben den Adler, Zeichen des Johannes, rechts unten den Stier für Lukas und links unten den Löwen für Markus.

Plötzlich stocke ich in meinem Kreislauf. Es zwingt mich etwas, stille zu stehn. Das Kreisen scheint unangebracht. Was hemmt mich? Das Viereck? Unverrückbares hält mich fest. Endlich geht mir auf, daß ich in das Spannungsfeld von extremen Gegensätzen geraten bin; Gegensätze zwischen oben und unten, Himmel und Erde, von luftig und kompakt, von beflügelt und erdenschwer, von Geist und Materie; denn oben haben wir die geflügelten Wesen Engel und Adler, unten die erdenschweren Löwe und Stier. Sollten in den vier Symbol-Figuren nicht nur die Jahreszeiten und die Himmelsrichtungen, sondern auch die vier Elemente dargestellt sein, so wird immer deutlicher, welche ungeheure Spannung hier entsteht: eine ausdrückliche Akkumulation der Kräfte.

Rufen wir uns kurz in Erinnerung, welche Kräfte den Evangelisten-Symbolen beizuordnen sind:

- Stier = Kraft, Zeugungskraft, Ausdauer.
- Löwe = Macht, Unbezwingbarkeit, Wachsamkeit, das Königliche.
- Adler = Schärfe des Blicks, der Höhenflug, Erkenntnisvermögen, das Ergreifende.
- Engel = das beseelte Wesen, die Intelligenz, der Wille, die Liebe.

Wahrlich eine Vitalspannung sondergleichen!

Alles dies muß mit am Werk sein, um das neue leitende Prinzip zu konstellieren. In unseren ureigensten, winzigen, inneren Mikrokosmos übertragen, könnte man versuchsweise die vier Grundfunktionen (nach C.G. Jung): Denken, Fühlen, Empfinden (Wahrnehmen) und Ahnungsvermögen in diese vier Eckpositionen als Faktoren einsetzen, die das Neue und das Ganzmachende bringen. Man verstehe mich nicht falsch: Ich bezeichne nicht die Grundfunktionen mit den Evangelisten-Zeichen, sondern ich setze die Grundfunktionen im innerseelischen Bereich an deren Stelle als ähnlich gegensätzliche Kräfte, denen wir in seelischen Wandlungsprozessen ausgeliefert sind, und die zugleich nötig sind, im Interesse einer schöpferischen Spannung. Das Viereck hatte einen hemmenden Einfluß auf die fortschreitende Rundreise durch das Bild. Tatsächlich brauchen wir die Vierzahl, um eine Ordnung aufzustellen, die uns Orientierung erlaubt. Die Vier ist eine stabilisierende, aber auch eine fixierende Zahl; denn durch ihre gleichgewichtige Gegensätzlichkeit bringt sie alles zum Stillstand. Nur ein Fünftes, Neues und Transzendierendes wird wieder Bewegung und Fortentwicklung bringen. Wir werden gleich sehen, wie sich das Fünfte bildet. Fünf ist übrigens die Christus-Zahl.

Auf das rote Viereck lagert sich nun ein zweites, aber dunkles Viereck auf. Dürfte man wohl im roten Evangelisten-Viereck das männliche Prinzip Yang sehen und im dunklen das weibliche Yin, um einmal – wie früher schon – außerchristliche Begriffe in unsere Deutung miteinzubeziehen? Jedenfalls hat sich durch diese Vereinigung die Gestalt beider geändert und das gewünschte »Fünfte« hat sich gebildet in Form eines Sternes und der brennenden Mitte, aus der neues Leben hervorgeht.

Durch ihren Zusammenschluß wurden die Vierecke zum Stern mit acht Strahlen. »Die Zahl Acht steht symbolisch für den neuen Anfang, nachdem etwas seine Beendigung erfahren hat. Der achte Tag ist der neue, erste Tag nach Ablauf der sieben und wird so zum Symbol der Neuschöpfung. Es ist der Tag, an dem alles neu beginnt. Er bedeutet das Mysterium der zukünftigen Welt und den Typus des neuen Lebens.«[8] Die Acht heißt demnach: Vollendung mit inhärentem neuem Keim. Vielleicht dürfte man sagen, die Acht sei die Zahl der vollendeten und nun in Bewegung geratenen Schöpfung.

Jeder Mensch, der das Zerrissensein zwischen den gegensätzlichen Strebungen und Trieben seiner eigenen Natur erlitten hat, ahnt, daß der nächste Bildrundgang ein dunkler sein wird. Wir treten in den schwarzen Stern ein. Er überschattet unser Tun und Denken. Das Bild, die Gewißheit des Dornenvollen packt uns. Wir werden ins Dunkel des Nichtwissens gestürzt, ausgeliefert an unerkennbare Gestalten und Gewalten. Wissen und Erkenntnis sinken dahin im Düster des Unerforschlichen. Dunkle Schicksalsengel schalten sich in unseren Weg ein; ein kühler Hauch weht. Wir erinnern uns der Lehre, die besagt, daß das Rätsel immer dunkler wird, je näher wir dem Göttlichen kommen. Dennoch ist das Dunkel dieses Sterns voller Hoffnung. Grüntöne besänftigen uns und erwecken den Eindruck von Pflanze und Vegetation. Grün wirkt ausgleichend und beruhigend. Es ist die Farbe des vegetativen Nervensystems und des unbeirrbaren Lebenswillens. Beim Betrachten kommt uns atmende Erde in den Sinn. Es sind kleine Lichter sichtbar. Engel mit roten Bändern in ihren Händen – oder sind es Feuerstrahlen? – lassen uns verstehen, daß sie hier, im Dunkel, eine Mission, ein schicksalshaftes Werk zu erfüllen haben.

Verweilen wir einen Augenblick beim dunklen Stern... Beinahe bin ich versucht zu sagen: Kriechen Sie hinein. Denn plötzlich scheint er nicht mehr aufgelegte Schicht, sondern wird zur Öffnung, die ins unendliche Dunkel führt. Oder wäre es die Öffnung zu Gott hin? Die roten Felder zu beiden Seiten werden gleichsam zu Gardinen, von unsichtbarer Hand zurückgerafft. Das überwältigende Heilsgeschehen ist da: Was uns eben noch als schmerzende Dornen bedrohte, hat sich – rätselhaft – zum dunkelwarmen Mutterboden gewandelt, aus dem Blüte und Frucht unversehrt und vollkommen emporsteigen: Die Mutter mit ihrem Kind.

Wenn Sie nun für einen Augenblick Ihre Augen etwas zukneifen und die Sehschärfe vermindern, dann ersteht vor Ihnen eine Tulpe oder Mohnblüte (in Seitenansicht). Sie erleben, wie sie sich öffnet und wie der dunkle Engel unten zum Stengel wird, der alles trägt. Die beiden Hälften des feuerumstrahlten Innenkreises werden zum Blütenkelch, zur Samenkapsel, die den neuen Lebenskeim birgt. Wunderschön, wie der Künstler uns den Wachstumsprozeß aus der Tiefe heraus mitvollziehen läßt.

Endlich sind wir in der Mitte angelangt. Soll man, darf man über den innersten Kreis reden? Ich empfinde die Lebensfülle, die sich im Zentrum bewegt, als geradezu bestürzend, als wären hier alle Kräfte des Göttlichen und des Menschlichen geballt, abgeschirmt durch den feurigen Bannkreis. Wir wissen, daß alles in der Mandorla nie zu lüftendes Geheimnis bleibt, das der Mensch, dem Urbilde ähnlich, zwar erleben, nie aber erklären kann.

Was wir im ganzen Bilde verfolgen konnten, das Werden des Sternes, der Blüte, der Rose, die sich öffnet, wird nun gekrönt im Zutagetreten der Mater oder Materia, die den Geist aus sich gebiert.

Eine großartige Darstellung des Logosbegriffes, wenn wir uns kurz Rechenschaft darüber geben, was im Wort »Logos« enthalten ist: Logos heißt nicht nur »Wort«, sondern vor allem: Entfaltung, Entwicklung, Entrollung, Definition, Naturgesetz. Unter Logos ist demnach ein dynamischer Vorgang zu verstehen, der sich mit der Unausweichlichkeit und der Gewalt eines Naturgesetzes vollzieht und für den kein besseres Bild gefunden werden konnte, als das der Geburt. Nicht nur ein Punkt oder Körper hebt an zu erscheinen, sondern ein neuer, langer Weg beginnt: So das Wesen des Logosbegriffs.

Spüren Sie, fühlen Sie, schauen Sie, wie in der lebendigen Mitte eines aus dem anderen hervorquillt!

Sind Sie sich bewußt, daß sich ein unschätzbares Etwas auf unerklärliche Weise in Ihnen gebildet hat, wenn in Ihren Träumen das neue Kind auftaucht? Das Kind, das wir nie erwartet hätten und das, gewissermaßen, jedem Gesetz widerspricht. Es ist ein inneres Kind, eine Gabe des Geistes, ein »Zuwachs an Seiendem«, von dem wir nicht wissen, woher es stammt und wohin es führt. Statt Gesetz wirkt hier Gnade. Statt innerer Leblosigkeit gerät alles in Bewegung. Wir ahnen, daß dieses Kind, früher oder später, unserm Alltag neue Verantwortung auferlegen und uns neue Pflichten abfordern wird.

Sollte sich dieses Kind, das man auch mit »Perle« bezeichnet, bei Ihnen gerundet haben, so erinnern Sie sich vielleicht, unter welchen Vorzeichen der Spannung, des geistigen Getrieben-Seins, des Leidens, des Unbegreifbaren, des Unheimlichen, des Einbruchs es sich kundtat. Sie erinnern sich aber auch der unbegreiflichen Seligkeit, die mit diesem Ereignis einherging. Suchten Sie in dieser Situation, zwecks nötiger Orientierung, nach einem Bild, in welchem Ihre Erfahrung eingebettet wäre, so ließe sich denken, daß Sie in der mystischen Rose dieser Ikone das wegweisende Urbild fänden.

Noch ist aber die Entwicklung nicht zuende. Bei genauer Betrachtung des Bildes zeigt sich, daß die Gottesmutter, kaum sichtbar, mit der rechten Hand den Fuß ihres Sohnes hält, so gleichsam einen Steigbügel formt und damit eine dritte Person ins Bild hebt. Dies ist ungewöhnlich. Die Gottesmutter trägt das Kind

Christus auf dem Arm, gleichzeitig entsteigt ihrem Herzen auch Christus als Hoher Priester. Die Darstellung zeigt eine Felshöhle, aus der auf einer Leiter der Hohe Priester Stufe um Stufe emporsteigt.

Christus wird »Hoher Priester nach Weise des Melchisedek« genannt (Hebräer 7,15-17); ein Priester »nicht nach dem Gesetz des fleischlichen Gebots gemacht... sondern nach der Kraft des unendlichen Lebens«, oder (nach Hebräer 7,3) ein »Priester ohne Vater, ohne Mutter, ohne Geschlecht, ohne Anfang und ohne Ende«. Es ist von Belang, sich die Stellung des Hohen Priesters zu vergegenwärtigen. Er hatte die Aufsicht über alles, was Tempel, Gottesdienst und Priesterschaft betraf. Er hatte das Sühnopfer für seine eigenen Sünden, wie für die des Volkes darzubringen. Er war Priester und König in einer Person, religiöser und politischer Führer zugleich. Nur er durfte ins innerste Heiligtum und nur dann ohne Lebensgefahr, wenn er vollständig eingekleidet war; d.h. nur in Erfüllung seines Amtes.

Als inneres Bild genommen und sehr banal gesprochen, wäre der Hohe Priester jene Instanz in uns, die sich der Gottesbeziehung annimmt oder diese herstellt. Ich verzichte darauf zu erläutern, was die Figur des Hohen Priesters psychologisch gesehen alles impliziert. Ich deute einmal mehr nur an, daß C.G. Jung Christus als Symbol des Archetypus des Selbst bezeichnet. Selbst, das sind wir selber, das ist unser innerster Kern, unsere ganze Person. Es gilt also zu fragen, ob der Priester Bild dessen sei, was sich als »Christus in uns« formen könnte (gemäß Galater 4,19).

Die geringe Größe dieses Bilddetails legt uns nahe, daß auch die Chance gering ist, diese Stufe der Vergeistigung, oder orthodox gesprochen, der Durchdringung mit Göttlichem, je zu erreichen. Ziel und Zweck jeder Ikone ist es ja, der Durchgöttlichung des Menschen zu dienen, uns in Rätselbildern die dazu bedenkenswerten Grundmuster vor Augen zu halten. In unserer Ikone ist uns ein sehr hohes Ziel gesteckt. So beeindruckt es, daß der Hohe Priester auf dem Bild aus dem Felsen hervorgeht. Offenbar ist diese innere Wandlung vom göttlichen Kinde zum Hohen Priester wie eine neuerliche Geburt; sie scheint von ungewöhnlicher Härte zu sein, denn sie bricht, im Bild, den Felsen. Könnte dies ein Hinweis auf die Auferstehung sein? Denn diese wird auch dem Funken verglichen, den der Feuermacher aus dem Stein schlägt.

Hier drängen sich alle jene Bibelstellen auf, die besagen, daß unser Leib – also wir selber – Tempel des Herrn werden kann, und auch jene, wonach jeder Mensch »Priester« ist, d.h. diesen in sich verwirklichen sollte. Ich nenne einige solcher Stellen:

1. Korinther 3,17: »... der Tempel Gottes ist heilig, der seid Ihr ...«
1. Korinther 6,19: »Wisset Ihr nicht, daß Euer Leib ein Tempel des Heiligen Geistes ist, der in Euch wohnt und den Ihr von Gott habt.«
Johannes 2,21: »... er aber redete vom Tempel seines Leibes« (den er in drei Tagen aufbauen würde).

Dazu kommt, daß die Ostkirche die Gottesgebärerin in ungezählten Hymnen als Zelt oder Tempel preist!

Zur inneren Priesterschaft äußern sich beispielsweise:
1. Petrus 2,5: »Laßt Euch als lebendige Steine zu einem geistigen Haus aufbauen, ... zu einer heiligen Priesterschaft.«
Offenbarung 1,6: »... der uns zu Priestern für Gott gemacht hat.«
Exodus 19,6: »... ihr sollt mir ein Königreich von Priestern werden.«

Rufen wir uns in Erinnerung: im Alten Testament ging es um die *Begegnung* des Menschen mit Gott, um die Vorstellung, Gott sei z.B. im Tempel anwesend; im Neuen Testament aber wird die *Vereinigung* Gottes mit dem Menschen verkündigt. Eine unfaßbare Aussage! Etwas faßbarer wird sie, wenn wir uns darunter das Werden und das Vorhandensein einer uns überschreitenden Komponente in unserer Seele vorstellen.

Wie geschieht dies alles, wird man sich fragen. Ja, wie geschieht es? Es war Maria, die diese Frage, stellvertretend für uns alle gestellt hat, nicht weniger als wir ob dieser Möglichkeit erschrocken.

Ich weise zurück auf die zwei Vierecke, die sich in unserem Bild zum Stern vereinigen. Durch das Zusammenbringen der Gegensätze des feurig-roten und des feucht-dunklen Vierecks entsteht im Zentrum der Brennpunkt, der das Neue hervortreibt. Nicht anders als beim Kreuz, wo sich in der schmerzvollen Durchdringung der zwei gegensätzlichen Strebungen das Wesentliche ereignet, das aus dem Menschen Jesus den Christus werden läßt.

Unser Bild zeigt nun nicht ein Kreuz, sondern einen geöffneten Stern auf Rosenblättern. Man möge mir verzeihen, wenn ich darin, immer psychologisch gesprochen, eine »weibliche« Variante zum »männlichen« Kreuz erblicke. Hieraus drängt sich mir die Frage auf, ob derselbe Vorgang sich bei Frau und Mann verschieden abspiele. Von unserer Ikone her möchte ich es glauben.

Am Ende meiner Ausführungen konnte ich einiges aus dem unerschöpflichen Reichtum der Dornbusch-Ikone übermitteln; es mußte dennoch ebensoviel ungesagt bleiben. Wie der Gläubige immer wieder mit neuen Problemen, neuen Gedanken und anderen Gebeten vor seine Ikone tritt, so stehen auch wir immer wieder neu vor einem Bild. Jede Deutung bleibt tastender und zeitgebundener Versuch. Möge das Fragmentarische und Subjektive meiner Bemühungen umsomehr die eigene Entdeckerfreude der Leserinnen und Leser anspornen!

Nur kurz möchte ich noch einmal zusammenfassen, daß mir daran gelegen war, im Bilde die Entwicklung dessen zu verfolgen, was unser aller innerstes Kraftfeld, glühender Kern, Ebenbild Gottes, schönste Rose, Sinn des Lebens ist. In heißem Ringen entwickelt es sich in uns und aus uns heraus. Dieses Geschehen schenkt uns das Erlebnis, daß unser eigenes kleines Lebensrädchen mitdreht im großen Uhrwerk der Weltzeit, daß wir eingeordnet sind in größere Ordnungen, ähnlich der Rose, die da schwebt zwischen Gesetz und Gnade.

Demütig ist zu bekennen, daß das vor uns liegende Bild unser persönliches, individuelles Geschehen himmelweit überragt und nichts weniger darstellt, als den Beginn eines neuen Zeitalters. Es bedeutet Vorschlag und Aufforderung, den Menschen in seine Würde einzusetzen, ihm im Maße seiner Menschwerdung, göttliches Leben und göttliche Würde zuzuerkennen.

Leben wir dieser Erkenntnis?

»Niemandem wird mehr geschehen, was der Jungfrau geschah. Aber nach diesem Urbild wird je und je geschehen, was an Gnade geschieht«, denn ... »in Maria ist das Gesetz der Gnade dargestellt.«[9]

Als Du Gott empfangen hattest im Schoße, o Jungfrau,
vom allheiligen Geiste, bliebest Du unverbrannt:
Wie Dich dem Gesetzgeber Mose der flammende, unverbrannte Dornbusch deutlich zuvor offenbart hatte
als die, welche in sich aufnahm das nicht zu ertragende Feuer.[10]

Theotokion:

Freude Dir, heiliger, von Gott beschrittener Berg.
Freude Dir, lebendiger, unverbrennbarer Dornbusch.
Freude Dir, der Welt einzige Brücke zu Gott,
die Sterbliche hinüberführet zum ewigen Leben.
Freude Dir, lautere Braut,
die, des Mannes nicht kundig,
das Heil unserer Seelen geboren.[11]

Anhang

Anmerkungen

Vorwort

1. C.G. Jung: Erinnerungen, Träume und Gedanken, hrsg. von Aniela Jaffé, Olten ⁵1987, S. 416
2. Paul Evdokimov: Die Frau und das Heil der Welt, München 1960, S. 74
3. C.G. Jung: op. cit., S. 411
4. Ders.: op. cit., S. 410
5. Ebd.
6. Ders.: Aion, in: Gesammelte Werke Bd. 9/2, S. 47
7. Paul Evdokimov: L'Art de Icône. Theologie de la Beauté, Paris 1970, S. 191
8. Paul Klee: aus einem Zeitungsartikel
9. Konrad Onasch: Die Ikonenmalerei, Leipzig 1967, S. 80 ff; zum Mumienbild vgl. auch: Hilde Zaloscer: Vom Mumienbild zur Ikone, Wiesbaden 1969
10. Konrad Onasch: op. cit., S. 13 ff.
11. Paul Klee: aus einem Zeitungsartikel
12. Konrad Onasch: op. cit., S. 59 ff.
13. Ders.: op. cit., S. 56 ff.
14. Ders.: op. cit., S. 22
15. Ders.: op. cit., S. 19
16. Paul Evdokimov: Die Frau und das Heil der Welt, S. 211
17. Konrad Onasch: op. cit., S. 20
18. Ebd.
19. C.G. Jung: Analytische Psychologie und dichterisches Kunstwerk, in: Gesammelte Werke Bd. 15, S. 94

Empfängnis der Heiligen Anna

1 E. Hennecke u. W. Schneemelcher: Neutestamentliche Apokryphen, Tübingen 1959, S. 280 ff.
2 Lothar Heiser: Maria in der Christus-Verkündigung des orthodoxen Kirchenjahres, Trier 1981, S. 64
3 Kontakion = Strophe, mit der die Reihe der Troparien abschließt; eigentlich: Stab (kontax) um den eine Schriftrolle gewickelt wurde
4 Kontakion zum 9. Dezember, aus: N. Edelby: Liturgikon (Meßbuch der Ostkirche), Recklinghausen 1973, S. 711
5 Apolytikion zum 9. Dezember Horologion 298. Vgl. L. Heiser: op. cit., S. 64
  Apolytikion = Haupttroparion des Festes, mit dem man das Offizium der Vesper und der Metten zum Abschluß bringt.
6 Horologion 244, in: L. Heiser: op. cit., S. 65
  Horologion = Stundenbuch

Geburt Mariä

1 L. Heiser: op. cit., S. 76
2 Troparion = kurze dichterische Aussage. Jedes Fest hat sein Haupttroparion oder Apolytikion (von griechisch »tropos« = Tonart)
3 Alle Hymnen bisher aus: N. Edelby: op. cit.
4 Aus: Idiomelon zur Liti; Menaion, September, 79. Vgl. L. Heiser: op. cit., S. 83

Mariä Einführung in den Tempel

1 Vgl. L. Ouspensky/W. Lossky: Der Sinn der Ikonen, Bern-Olten 1957, S. 157
2 Ebd.
3 Horologion 287, in: L. Heiser: op. cit., S. 97

Gottesmutter des Zeichens

1 Hymnos Akathistos, das Geheimnis der Gottesmutter. Aus dem Griechischen übertragen von E.M. Zumbroich, Gaildorf 1981

Verkündigung

1 E. Hennecke und W. Schneemelcher: op. cit., S. 284
2 Dorothea Forstner: Die Welt der Symbole. Innsbruck-Wien-München 1961
3 Dorothea Forstner: op. cit.
4 Johannes Itten: Kunst der Farbe, Ravensburg 1961/1973, S. 135
5 Paul Evdokimov: Die Frau und das Heil der Welt, S. 61
6 K. Kirchhoff: Hymnen der Ostkirche, Münster 1979, S. 207

Geburt Christi

1 E. Hennecke/W.S. Schneemelcher: op. cit., Bd. 1, Tübingen 1959
2 Ephraim = syrischer Kirchenvater. Zit. nach: L. Heiser: op. cit., S. 22
3 Die Zitate im Kontext und diese patristische Formel der Christologie aus: L. Heiser: op. cit., S. 58 und S. 171
4 Lukas 2,23-24 und 3 Mose 12,1-8
5 Gregor von Nazianz. Quelle unbekannt
6 Stichiron der Weihnachtsvesper, in: L. Ouspensky/W. Lossky: op. cit., S. 159
7 Kontakion, in: N. Edelby: op. cit.
8 Aus: L. Heiser: op. cit., S. 175
9 Aus: L. Heiser: op. cit., S. 174

Gottesmutter Milchspenderin

1 Aus dem Akathistos Hymnos, in: Das Geheimnis der Gottesmutter. Aus dem Griechischen übertragen von M. Zumbroich, Gaildorf
2 So in diversen Hymnen
3 D. Forstner: op. cit., S. 434 ff.
4 Akathistos: op. cit.
5 K. Kirchhoff: op. cit., S. 162

Darbringung

1 Kiborion = Fruchtgehäuse, Becher. Lat. ciborium = der baldachinartige Altarüberbau, in dem das Gefäß für das geweihte Abendmahlsbrot aufgehängt war
2 N. Edelby: op. cit., S. 807
3 Ebd.

Christus, das nicht-schlafende Auge

1. Genesis 49,9: »... Er hat sich gekauert, gelagert wie ein Leu, wie eine Löwin, wer will ihn aufstören?«
2. K. Onasch: Liturgie und Kunst der Ostkirche in Stichworten, Leipzig 1981, S. 73
3. Osterjubel der Ostkirche. Übersetzt von K. Kirchhoff, Hrsg. J. Madey, Münster 1988, S. 351

Der innere, leidende Christus

1. K. Kirchhoff, Die Ostkirche betet, S. 211
2. K. Kirchhoff, Hymnen der Ostkirche, S. 153
3. Quelle unbekannt

Gottesmutter der Belehrung

1. I. Bentchev: Handbuch der Muttergottes-Ikonen Rußlands, Bonn-Bad Godesberg 1985
2. Siehe auch A. Ebbinghaus: Die altrussischen Marienikonen-Legenden, Wiesbaden-Berlin 1990, S. 176
3. Besednyi = Belehrung
4. Troparion vom 26. Juni, in: N. Edelby: op. cit., S. 1021

Deesis – Fürbitte

1. Auch Archetypus der Ordnung, in: C.G. Jung: Träume, Erinnerungen und Gedanken, S. 415
2. Oder als Gefäß für die göttliche Gnade, in: C.G. Jung, Briefe, Bd. 1, S. 432
3. Ebd., Bd. 3, S. 251
4. Ebd., Bd. 2, S. 251
5. Vgl. verschiedene Bibelstellen, die das Wort »krazo« verwenden und damit den Schrei aus den Urtiefen meinen. Z.B. Johannes 1,15, Jesaja 6,3ff, Matthäus 27,50, Römer 8,15, Lukas 1,42
6. N. Thon: Ikone und Liturgie, Trier 1979, S. 179
7. K. Onasch (Hrsg.): Altrussische Heiligenleben, Wien, 1978, S. 53
8. P. Evdokimov: Die Frau und das Heil der Welt, S. 54
9. C.G. Jung, wie Anmerkung 2
10. Alle Hymnen aus: L. Heiser: op. cit., S. 336, 341, 356, 357

Die Gottesmutter im Gespräch mit Johannes dem Theologen

1   O. Karrer (Hrsg.): Maria in Dichtung und Deutung, Zürich 1962, S. 375
2   J. Itten: op. cit., S. 135
3   Ebd.
4   C.G. Jung, Briefe, Bd. 3, S. 328 (Brief v. 12.8.1960)
5   Ephraim der Syrer: Lobgesang aus der Wüste, Freiburg im Breisgau 1967, S. 73

Beweinung

1   R.M. Rilke: Gesammelte Werke, Bd. 1, Frankfurt 1955, S. 677
2   L. Heiser: op. cit., S. 279
3   L. Heiser: op. cit., S. 275
4   N. Edelby: op. cit.: Troparion des Joseph von Arimathia, S. 175
5   Genannt Epitaphios
6   Lukas 22, 61-62
7   L. Heiser: op. cit., S. 276

Die Frauen am Grabe

1   N. Edelby: op. cit., S. 175
2   Ebd., S. 158
3   Silja Walter lebt als Sr. Maria Hedwig OSB im Kloster Fahr bei Zürich
4   D. Sölle: Atheistisch an Gott glauben, Olten 1968, S. 84
5   Vgl. L. Heiser: op. cit., S. 282
6   Zitiert bei L. Heiser: op. cit., S. 282
7   Zitiert bei L. Heiser: op. cit., S. 286
8   Ebd.
9   Zitiert bei L. Heiser: op. cit., S. 287
10 D. Forstner: op. cit., S. 210: »Balsama me capiunt, haec sunt unguenta virorum.«
11 Pentekostarion 16
12 N. Edelby: op. cit., S. 158
13 Hier ist das gegen Adam und seine Nachkommen ausgesprochene Todesurteil gemeint

Mariä Entschlafung

1 L. Heiser: op. cit., S. 296
2 L. Heiser: op. cit., S. 302
3 Ebd.
4 L. Heiser: op. cit., S. 299ff
5 L. Heiser: op. cit., S. 302
6 N. Edelby: op. cit., S. 976
7 Aus den Oden zur Entschlafung. Aus dem Griechischen übersetzt von P. Irenäus Totzke, Benediktinerabtei Niederaltaich (ohne weitere Angaben)

Gottesmutter unverbrennbarer Dornbusch

1 In anderer Formulierung in: A.v. Maltzew: Oktoich der Ostkirche, Berlin 1899, S. 1035
Oktoich = das Acht-Töne-Buch
2 N. Edelby: op. cit., S. 119
3 J. Tyciac: Theologie in Hymnen, Trier 1973, S. 70
4 Diese Auskunft verdanke ich Herrn Prof. Goltz in Halle/S.
5 A. Rosenberg: Kreuzmeditation, München 1976, S. 50
6 D. Forstner: op. cit.
7 D. Forstner: op. cit., S. 311-314
8 D. Forstner: op. cit., S. 54
9 E. Walter in: Maria in Dichtung und Deutung, Zürich 1962, S. 67
10 A.v. Maltzew: op. cit., S. 998
11 Osterjubel der Ostkirche: op. cit., S. 352

Literatur in Auswahl

Dionysios Areopagita: Mystische Theologie und andere Schriften, München 1956
E. Benz: Russische Heiligenlegenden, Zürich 1953
H. von Campenhausen: Griechische Kirchenväter, Urban Tb. Bd. 14, Stuttgart 1961
A. Ebbinghaus: Die altrussischen Marienikonen-Legenden. Osteuropa Institut an der Freien Universität Berlin. Slavische Veröffentlichungen Bd. 70, Wiesbaden/Berlin 1990
N. Edelby: Liturgikon. Meßbuch der byzantinischen Kirche, Recklinghausen 1967
Ephräm d. Syrer: Lobgesang aus der Wüste, Sophia Bd. 7, Trier 1967
P. Evdokimov: Christus im russischen Denken, Sophia Bd. 12, Trier 1977
Ders.: Die Frau und das Heil der Welt, München 1960
W. Felizetti-Liebenfels: Geschichte der russischen Ikonenmalerei, Graz 1972
P. Florenskij: Die Ikonostase. Urbild und Grenzerlebnis im revolutionären Rußland, Stuttgart 1988
D. Forstner: Die Welt der christlichen Symbole, Innsbruck-Wien 1977
M. Gimbutas: The Goddesses and Gods of old Europe. Myths and Cult Images, London 1982
Dies.: The Slavs, London 1971
L. Heiser: Die Engel im Glauben der Orthodoxie, Sophia Bd. 13, Trier 1976
Ders.: Maria in der Christus-Verkündigung des orthodoxen Kirchenjahres, Sophia Bd. 20, Trier 1981
J. Itten: Kunst der Farbe. Subjektives Erleben und objektives Erkennen als Wege zur Kunst, Ravensburg 1973
C.G. Jung: Gestaltungen des Unbewußten, Zürich 1950
Ders.: Symbolik des Geistes. Studien über psychische Phänomenologie, Zürich 1948
Ders.: Von den Wurzeln des Bewußtseins. Studien über den Archetypus, Zürich 1954
K. Kirchhoff: Die Ostkirche betet, Münster 1960
Ders.: Hymnen der Ostkirche, Münster 1979
Malerhandbuch des Malermönches Dionysios vom Berge Athos (Malanleitung), Slavisches Institut München 1960
H. Menges: Die Bilderlehre des hl. Johannes von Damaskus, Kallmünz 1937
K. Onasch: Die Ikonenmalerei. Grundzüge einer systematischen Darstellung, Leipzig 1968
Ders.: Ikonen, Gütersloh 1961
Ders.: Liturgie und Kunst der Ostkirche in Stichworten, unter Berücksichtigung der Alten Kirche, Leipzig 1981
L. Ouspensky/Wl. Lossky: Der Sinn der Ikonen, Bern-Olten 1952
Russische Volksmärchen, Düsseldorf-Köln 1959
W. Solouchin: Schwarze Ikonen. Ich entdecke das verborgene Rußland, München-Salzburg 1978
G. Spitzing: Lexikon byzantinisch-christlicher Symbole, Düsseldorf-Köln 1989
W. Schneemelcher (Hrsg.): Neutestamentliche Apokryphen. Bd. 1, Tübingen 1987
H.J. Schulz: Die byzantinische Liturgie. Vom Werden ihrer Symbolgestalt, Sophia Bd. 5, Freiburg 1964
N. Thon: Ikone und Liturgie, Sophia Bd. 19, Trier 1979
E. Trubetzkoy: Die religiöse Weltanschauung der altrussischen Ikonenmalerei, Paderborn 1927
H. Zaloscer: Die Kunst im christlichen Ägypten, Wien-München 1974

Dies.: Vom Mumienbildnis zur Ikone, Wiesbaden 1969
S.A. Zenkovsky (Hrsg.): Aus dem alten Rußland. Epen, Chroniken und Geschichten, München 1968

Bildquellen

22   Die Empfängnis der heiligen Anna. Russisch, Ende 16. Jh., 32 x 27 cm. Eitempera auf Holz. Ikonen-Museum, Recklinghausen (Inv. Nr. 85)
30   Geburt der Gottesmutter. Russisch (Moskau), 17. Jh., Privatbesitz. Foto: Berghaus Verlag, Kirchdorf
34   Mariä Einführung in den Tempel. Nordrussisch, Ende 16. Jh., Ikonen-Museum, Recklinghausen. (Inv. Nr. 88)
42   Die Gottesmutter des Zeichens. Russisch, Ende 16. Jh., 24 x 29,5 cm. Privatbesitz, Paris
48   Mariä Verkündigung. Russisch, 16. Jh., 43,5 x 53,5 cm. Ikonen- Museum, Recklinghausen (Inv. Nr. 797).
60   Geburt Christi. Russisch (Moskau), Ende 16. Jh., 25,3 x 19,3 cm. Privatbesitz
74   Gottesmutter Milchspenderin. Russisch, 16. Jh., 32 x 27,5 cm. Eitempera auf Holz, Basma aus Silberblech. Ikonen-Museum, Recklinghausen (Inv.Nr. 66).
78   Darstellung Jesu im Tempel. Kretische Schule, Ende 17. Jh., Sammlung Dr. S. Amberg, Kölliken, Schweiz. Foto: Copyright by Buch-Kunstverlag Ettal (Nr. 74029)
88   Christus, das nichtschlafende Auge. Russisch, Mitte 16. Jh. (Silberbasma 17. Jh.), 31,7 x 26,2 cm, Eitempera auf Holz. Ikonen-Museum, Recklinghausen (Inv. Nr. 16).
94   Der innere, leidende Christus (Die heilige Paraskewa). Ktima bei Paphos, Zypern
100 Maria. Die Lehrende (Legende vom Küster Jurij). Russisch, 16. Jh., 32 x 27 cm. Silberbasma. Ehemals Schloß de Wijenburgh. Echteld/Niederlande
108 Die Gottesmutter/Johannes der Vorläufer. Russisch, 15. Jh., zwei Details aus einer dreiteiligen Ikone, je 115 x 47 cm. Tretjakow Galerie, Moskau
116 Deesis (Fürbitte). Ausschnitt aus einer Wiederkunft-Christi-Ikone. Kreta, 17. Jh., Holztafel. Katharinen-Kirche, Iraklion
122 Die Gottesmutter im Gespräch mit Johannes dem Theologen. Byzantinisch. 14. Jh., 89 x 60 cm. Nationalgalerie Sofia
130 Die Gottesmutter im Gespräch mit ihrem toten Sohn (Totenklage). 12. Jh., Fresko in der Panteleimonkirche zu Nerezi bei Skopje
138 Die Frauen am Grabe (Die Myrrohn-Trägerinnen). Russisch, Schule A. Rubliov, 15. Jh., Dreifaltigkeitskloster St. Sergius, Moskau
154 Das Entschlafen der Gottesmutter. Russisch, 15. Jh., 113 x 88 cm. Tretjakow Galerie, Moskau
168 Gottesmutter, unverbrennbarer Dornbusch. Russisch, 18. Jh., 26 x 31 cm. Privatbesitz, Zürich